法の奥底にあるもの

ゆく川の流れは絶えずして万事塞翁馬

前田雅英

The Deep Structure of the Law
MAEDA Masahide
Hatori Press Inc., 2015
ISBN978-4-904702-57-4

法の奥底にあるもの　目次

I

II

I

四〇年間の講義

本書の副題である「ゆく川の流れは絶えずして万事塞翁馬」というのは、現在、私が刑法・刑事訴訟法について考えていることの中で一番重要で、私の主張の中身を最もわかりやすく示したものという意味で使いました。「刑法についての考え方を一言で言って下さい」と聞かれれば、「実質的犯罪論」ということになるのだと思います。(後で出てきますが、)「一言で言え」というのは無理な注文、というより注文として正しくないとは思うのですが。

自分で勝手に言っているだけというところもあるのですが、「実質的犯罪論」という語を、ある時期から、活字の中でも多用してきました。本書では、私が使う「実質的犯罪論の実質」、要するに中身の話を少しご説明したいのです。それを、今の気持ちとしては、一番わかりやすく伝える言葉が「ゆく川の流れは絶えずして万事塞翁馬」なのです。これが実質的犯罪論だ、ということなのです。

別の言い方をすると、本書では、四〇年講義をし続けてきて定年を迎えるに至った今日まで、法律学について考えてきた「本音」の一部を、わかりやすくお話しすることを意図しました。「最終講義」を含め、講義は、ごく一部の人にしか聞いていただけませんので、それ以外の方にもお話ししたいと考えました。

二〇一五年三月七日に、法科大学院で普通の講義の延長として、一応の区切りの話をさせてはいただきました。ただ、まだまだ研究と教育を続けていくつもりです。一方で、本書の内容を都立大学の定年のタイミングで活字にしようと、前々から考えてきました。「研究者を辞める」という意識はないのです。ですから、通過点という感じです。ただ、都立大学では四〇年やってきましたので、その区切りではあります（正確には三ヶ月、足りないのかも知れないのですが）。

方丈記

ゆく川の流れは絶えずして、しかももとの水にあらず。

よどみにうかぶうたかたは、かつ消えかつ結びて、久しくとどまりたるためしなし。

世の中にある人と住家と、またかくのごとし。

玉敷の都のうちに棟ならべ、いらかを争へる、高き、いやしき人の住まひは、世世をへてつきせぬものなれど、これを、まことかとたづぬれば、昔ありし家はまれなり。

あるいは去年焼け今年作れり。あるいは大家ほろびて小家となる。住む人もこれに同じ。

所もかはらず、人も多かれど、いにしへ見し人は二三十人が中に、わづかに一人二人なり。

まず、四〇年間教壇から犯罪と刑罰について語ってきたのですが、「一〇年一日。いつも同じ話をしている」というのが、今、パッと心に浮かぶ偽らざる心境です。「まさに、川の流れと同様、いつも同じように九〇分が過ぎていく」という感じがします。しかし同時に、よく思い出してみると、聴講者の関心を惹きつけようと、世の中に生起している「新しい問題」を常に講義に取り入れようと努力はしてきました。特に刑事に関する事象は、単に紹介するだけではなく、自分なりのコメントをしようと努めました。その内容については、実は、迷い、悩んだりしてきました。

大陸移動説と「アメリカ大陸の発見」

考えてみれば、世の中に、全く同じことは存在しないのです。講義でも、一度講義したら、全く同じ講義案・教材内容を講じたとしても、二回目の話の意味は違います。聴講者が違うとその反応により、話す内容が変化したり、特に講義の進行速度は異なってくるのですが、それ以上に、自分自身の中で、同じ話を二度しようとしても、「同じ」に話せないのです。先の講義の「問題」が見えてきたりして、言い換えてしまうのです。逆に、講義を聴く側でも、一度聴いたら、同じ講義をテープで再度聴いても、二回目は理解が異なったりすることはよくあると思います。一つの作用が加われば、その主体にも、その反作用は生じざるを得ないのです。

「ゆく川の流れは絶えずして」とは、言うまでなく、鴨長明の『方丈記』の冒頭です。中学校の国語の教科書で勉強させられて以来、どういうわけか、強く心に残り続けてきました。そして、当時非常に新しい理論として授業の中で教えてもらったウェーゲナーの「大陸移動説」は、「信じられない」という感じの鮮烈な印象を持ちました。まだ教科書にも載っておらず、まさに初めて聴いたのです。地学の授業は、それほど面白くなく、講義内容の記憶も少ないのですが、かなりのショックを受けました。それが、『方丈記』の冒頭と奇妙な形で結びついて、「ものの考え方」の基礎の一部を形作っていったように思います。絶対に動かないもののと思っていた「大地」が動く。伊豆半島は日本列島を突き抜けて、いずれ日本海に至る……。それが「ゆく川の流れは絶えずして　しかももとの水にあらず」と何となく結びついて、「変化しないものはない」と思うようになりました。

そして、いろいろな局面で、過去の繰り返しに見えることについて、「もとの水にあらず」と実感してきました。特に、私の最初の研究である違法論、さらには構成要件論において、いやという程それを感じてきました。具体的には、可罰的違法性に関する明治後期から昭和五〇年頃までの一四〇〇件の判例を分析し、結論として川の流れに喩え表現しました。「そこに二つの異なった『水系』が存することに気づく」。川の流れの変化に着目しました。そして、学説は「判例の流れに適合しなかった様に思われる。前者は理論が複雑で、かつ具体的限界が曖昧であり、その意味でいわば川幅が広がりすぎる危険性を有し、後者は逆に、水路をあまりに狭めすぎたのである。それ故多くの判例は、一見後者に沿って流れたが、実はその堤を越えざるを得なかったのである」(『可罰的違法性論の研究』東京大学出版会、一九八二年。原文は一一六頁に引用してあります)。私ははじめから、「川の流れを受け止める」という姿勢でした。「理論で川の流れを変えてみせる」と思ったことはないのです。そして、さらに法理論とは、変化していくものなのです。同じ人の学説でも「もとの水にあらず」なのです。

中学か高校かすら忘れてしまったのですが、同期生に娘さんが在籍していたという縁で講演をしてくださった、地理学の飯塚浩二博士の話も、歴史の考え方、そして私の法律の考え方に強く影響しました。話のポイントは、「学校で教える歴史では、『アメリカ大陸の発見』というが、アメリカ大陸はもともと存在したのである」「アメリカに住んでいる人から見たら『発見とは何なのか』」ということなのです。もっと言えば、日本人に、アメリカ大陸に生きていた人の視点が、何故欠如しているのかということでした。目から鱗が落ちるという感じでした。ただ、本当に影響したのは三〇年以上経ってからのことです。

万事塞翁馬

「万事塞翁馬」も、はじめは教科書で接しました。人によって、細かく見ると、いろいろな解釈があるのですが、私自身は「良いことがあれば、必ず悪いこともある」「しかし悪いことが起これば、必ず良いことがある」「一つの方向にだけ動くことはあり得ない」と、勝手に理解してきました。そして、「人生で大事なのは、運・根・鈍である」という親の口癖が、妙に結びついていました。

近塞上之人有善術者。馬無故亡而入胡。人皆弔之。其父曰、「此何遽不為福乎。」居数月、其馬将胡駿馬而帰。人皆賀之。其父日「此何遽不能為禍乎。」家富良馬。其子好騎、堕而折其髀。人皆弔之。其父曰、「此何遽不為福乎。」居一年、胡人大入塞。丁壮者、引弦而戦、近塞之人死者十九。此獨以跛之故、父子相保。故福之為禍、禍之為福、化不可極、深不可測也。（淮南子）

しかし、「万事塞翁馬」が、「身につまされる」というか、非常に重いものであると感じたのは、四〇歳を過ぎてからだと思います。私の経歴を、ごく表面的に見ると、「何の苦労もなくここまで来た」と思われがちです。学生が「先生でも苦労したことがあるのですか」とよく聞きます。私が、特にこの頃は、何でもわかっているような顔をして、常に余裕を示しているからという面もあるのですが、それは教師を長くやってきたことの「職業病」がなせる業という気もします。「スイスイと生きてきた」、そのように見せてきた面があるので、誤解されても仕方がないのですが、苦労のない人間など居るはずはないのです。私も、いろいろな思いをしてきました。いくつもの失敗を重ねてきたのですが、運が良かったから切り抜けてこられました。

そもそも、学者にとって最も重要な「業績」に関しても、大変な苦労をしてようやく主要な論文を書き上げることができたのです。何度も諦めて、諦めて、ようやく実質的に完成できたのは、助手論文として提出した七年後(一九八二年)なのです。その間の心理的重圧は、やはり思い出したくないです。後から見ると、その時に頑張ったことが、後の業績の「種」であり、「肥やし」になったことも間違いないと思っています。その意味で、苦しみの後に良いことがあったのですが、そんな言い方では、とてもあの頃の心境を表わすことはできないと思います。現在、「『可罰的違法性論の研究』が実質的犯罪論を作り上げた」といっているのは、あくまで今だからいえることに過ぎません。時間が経つと、「苦痛」が鮮烈でなくなるということでもあると思います。

『可罰的違法性論の研究』の完成後も「禍」は繰り返しやってきました。特に、何を言っても受け止めてくれていた頑健な母親が倒れたことは、私には大きなことでした。三〇代、四〇代は、私はたいしたことはしなかったのですが、とにかく介護の毎日だったのです。介護保険制度の確立する直前でした。ただ、私が、厚生労働省の「吸引」を看護師以外に認める研究会や、介護制度の委員会のお手伝いをしたのも、そのことがあったからなのです。それも「福」なのかも知れませんが、毎日家に居て、夜遅く（朝早く）まで机に向かっている生活が、論文を書かせてくれたことは事実なのです。仕事をする以外にはないのですから。東京大学出版会で出していただいた教科書（『刑法総論講義』『刑法各論講義』）も、介護の産物、というよりは「賜」なのかも知れないです。

「銀行員半沢直樹」の世界

都立大学の法学部長など、行政的なことに関与したことも大変な「禍」だったと思います。二〇代や三〇代の前半は、今にして思えば熱心な研究者ではありませんでした。『可罰的違法性論の研究』を書いているときも、「逃避」ばかり考えていました。しかし、三〇代も後半になり教科書を上梓し、「もっと読まなければならないもの」がいかに多いかを知り、研究に積極性が出てきました。ですから、その頃から「研究者になったはずなのに、研究を阻害するような仕事はやりたくない」というのが、本音となっていきました。大学というところは順番に、行政も分担しなければならないということはわかっています。しかし、私は運悪く、四大学の統合と法科大学院の設置が重なる時期に学部長等の管理職の順番がめぐってきてしまったのです。学問とは無縁の政治屋や「大学」を全く知らない都庁の職員を相手に、大学をきちんとした形で存続させていくために努力することは、本当に空しくしかも疲れる作業でした。そして、それ以上に、「正しい大学像」が異なる方々と議論して、学部が生き残る道を模索する作業は、これも思い出したくないほど大変なことだったのです。

ただ、このような経験をする中で、「紛争」をまとめるには何が大事なのか、抽象的な法理論が如何に無力なものであるか、最後はすべて運と言うしかないということを、まさに実体験として、骨身にしみて学んだように思います。法律学は「紛争に関する学問」なのです。「『九対一』や『八対二』で勝ってはいけない。『六分対四分』が望ましい解決である」という発想も、法律論の中で、抽象論としては考えていたのですが、本当に実感しました。

都立大の法科大学院ができたことも、オーバーにいえば、奇跡に近かったと思います。当時、外からは「都立大の規模や司法試験の合格実績などからみて法科大学院は無理なのでは」と見えていましたし、現に設置は少し遅れました。他大学の法科大学院設置のための人材確保の「草刈り場」になってしまっていたことも周知のことです。しかし、創立時の惨状はそんな生やさしいものではなかったのです。設置を反対する人がかなりおり、本当に鍔迫り合いをし続けました。私は、四〇年間、講義と教授会は休んだことはないのですが、教授会のある前は、今でも「鬱」な気分になります。それは、法科大学院設立前夜の激しい対立の頃に染みついてしまった感覚です。トラウマになってしまいました。他大学に移るという方が何人か続く中で、「設置を認めてもらうために必要な教員数」を割り込むよう、認可の判断の基準時の直前で、「ほぼ補充の利かなくなるタイミング」を見計らったように辞職した人もいました。この問題についての最終教授会開始二〇分前の通告でした。そして、本学に残った法科大学院反対派の人がそのことを文部科学省に内容証明郵便で密告したりしました。まさに、小説の世界、いやそれ以上の世界でした。正月の四日に、文科省に呼び出され、内容証明郵便について釈明を求められた時には、「万事休す」と諦めかけました。しかし、「今、法科大学院をつくらないということは、法学部としての自殺だ」と心から考えていましたから、「十分な教員の協力は得られています」、「補充のあてがあります」と言い切って、その場を切り抜けました。もちろん、嘘をついたわけではありません。しかし、明確な展望が完全に描けていたわけでもありません。ただ、「必ず参加してくれる人がいる」と信じて、そして現に必死でかけずり回ったのです。目指す先生には電話を掛けても、既に反対派からの働きかけがあり、会ってもらえそうもないので、朝の五時から正午過ぎまで目的の先生の研究室棟の玄関で立って待っていたこともあったのです。あの日ほど、時間が経つのが遅かった日は他になかった気がします。そして、会って長時間話をしても、良い返事はもらえませんでした。しかし、粘りに粘って、どうにか「灰色」の答えをもらったのです。そして、その後も粘りに粘って、文科省に説明できるようにしてどうにか切り抜けられたので、現在の法科大学院があるのです。その後、法学部が「都市教養学部法学系」とされてしまうような惨めなことがありましたが、この一連の修羅場からすると、私にとってはたいしたことではありませんでした。「実質が残っていれば、必ず復活はできる」という確信があったからです。もちろん「法学部」でなくなった以上、「全国法学部長会」に参加できなくなり、名実共にレベルダウンを強いられました。「大学についての素人」には、どう説明しても理解はしてもらえませんでした。

いずれにせよ、法科大学院が首の皮一枚で繋がったときに、まさに「必ず悪いことばかりは続かない」「万事塞翁馬だ」と実感しました。しかし同時に、「こんなに辛い思いは二度としたくない」と思い、「今回うまくいったけれど、必ず悪いことがまた起こるのだろうな」とも思ったのです。それ以前からも、「努力すれば必ず報われる」などと思ったことはありません。報われるかどうかは「運」なのです。これが私の「万事塞翁馬」なのです。良いことと悪いことの総量を天秤に掛ければ、ほとんど変わらないのではないか、いや、悪いことのほうが多いのだろうと私は感じています。

犯罪の増減は振り子のように

私は、講義の中で、統計数字を使ったり、グラフを利用することが多い教師だと思います。教科書にも、数値やグラフが多いのです。警察と検察と裁判所の統計書を最もよく利用していると思っています。そして、客観的な犯罪発生状況を踏まえない解釈論は、机上の空論だと思っています。講義で使うグラフの最も基本的なものは、犯罪率（人口一〇万人あたりの刑法犯認知件数）と凶悪犯の発生数です［図1］。凶悪犯とは、殺人罪と放火罪と、強盗罪、強姦罪です。

三〇年前は、日本の治安状況は、かなりうまくいっていると説明してきました。一九四六年からの推移を見ると、日本の戦後は治安が悪くて、凶悪犯の強盗、強姦、殺人、放火は、現在から見ると非常に多かったのです。刑法犯も、かなり多かった。それが昭和三〇年代から減り続けたのです。今年は「戦後七〇年」にあたりますが、犯罪状況の流れで見ますと、昭和五〇年（一九七五年）の前と後で全く異なります。そして平成に入ると、また大きく逆流するのです。前半の三〇年間犯罪は減り続けました。刑法犯の犯罪率を見ると、二〇〇〇が一〇〇〇になったのです。半減しました。世界的に見たら、これは大変驚異的な事実です。次のグラフ［図2］に示したように、先進諸国のどこもが急速に増えているなかで、なぜ日本だけ犯罪が減っているのかですよね。これはミラクルだといわれました。そして、昭和五四年度（一九七九年度）の犯罪白書は、西欧の研究を踏まえて、以下のように説明していたのです。

①自然の国境をもつ島国として、民族・言語・文化の完全な統一性をもつ社会的・文化的同質性

②家族・コミュニティ・企業などの強い連帯性と団結性。それから生ずる集団性と組織性。

③古い文化的伝統から生まれた固有の倫理。すなわち、恥と名誉を重んじ克己・錬成の中に道を求めようとする精神。自己と他者、敵と味方という対立相克よりも、「思いやり」や調和・情感を重視する価値観。

④このような倫理と集団性の強固な基盤から生ずる非公式な社会統制の強い力。

⑤固定した社会階層が存在せず、地位・職業・収入などが個人の努力により上昇の機会を平等に保障されている高度の流動性をもつ社会。上昇指向と克己の倫理から生ずる勤勉性。

⑥公式な社会統制としての刑事司法の統一性と効率性。特に、警察の高い捜査能力。検察の起訴独占・便宜主義の適正・柔軟な運用。裁判における実体真実主義と当事者主義の統合。矯正における規律と教育の調和。更生保護における大幅な公衆参加。

⑦歴史的伝統に胚胎する殺傷用銃器に対する国民的な拒否意識とそれに基づく銃器規制の有効性。

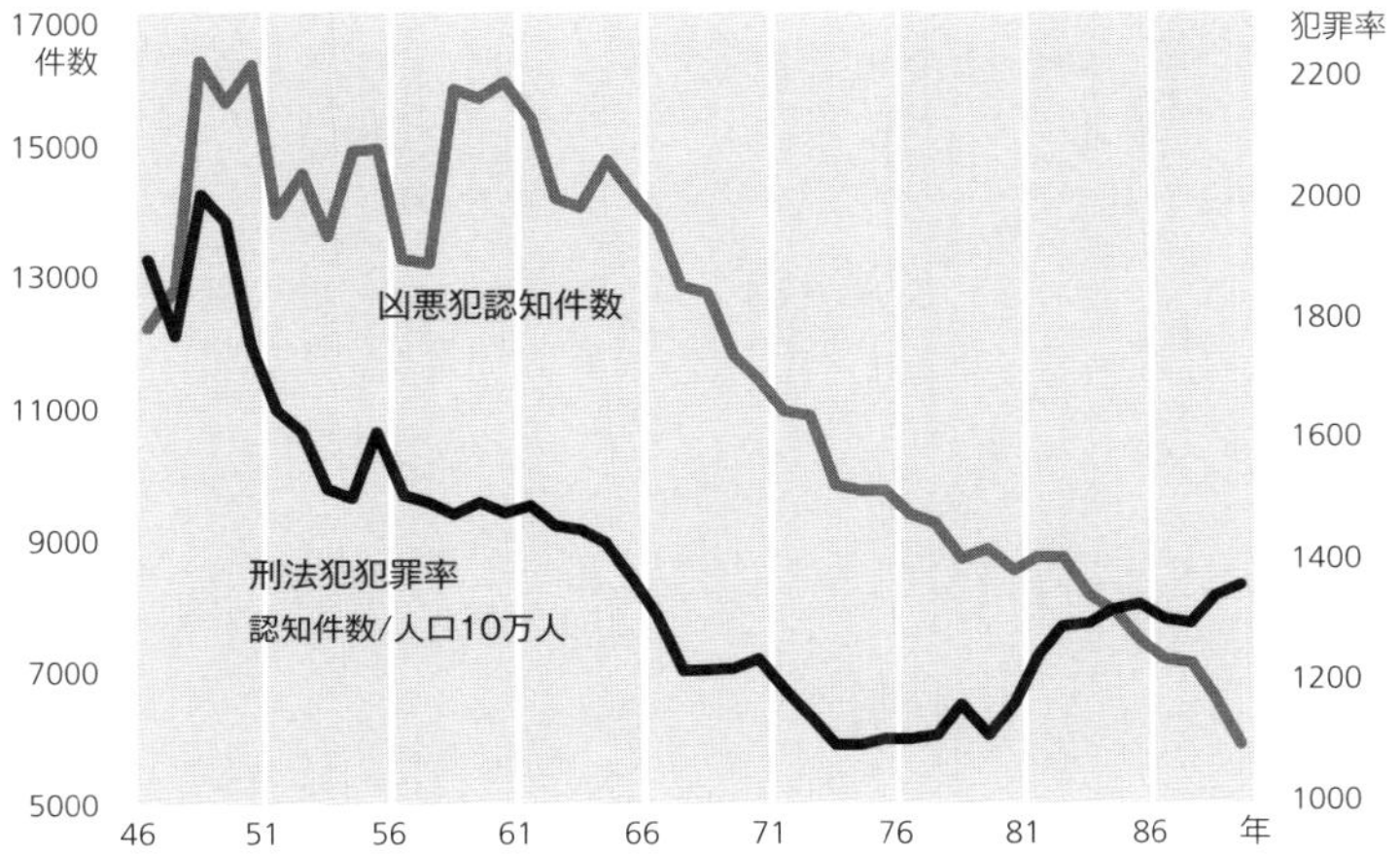

図1● 戦後犯罪率･凶悪犯認知件数推移（～1990年）

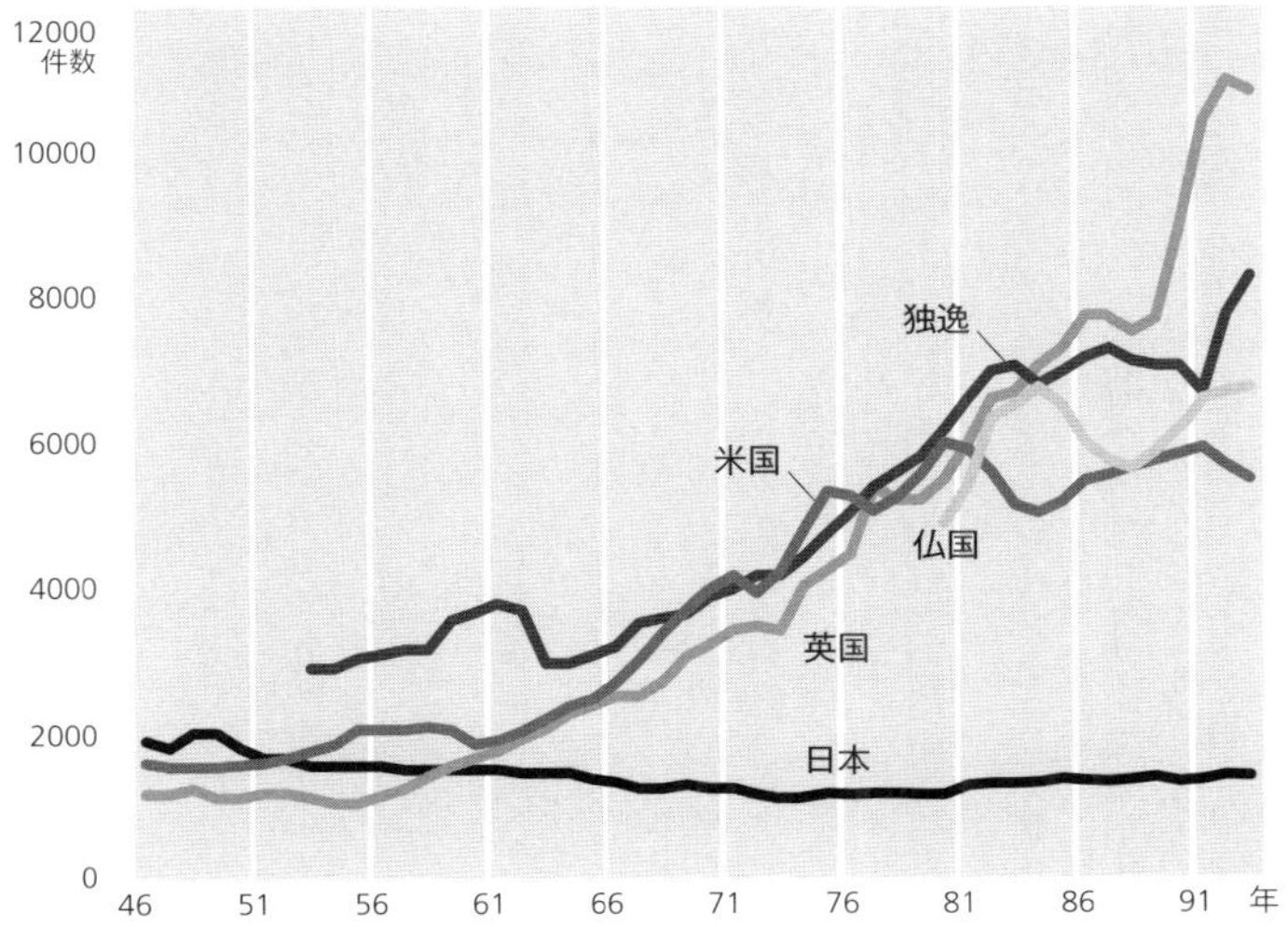

図2● 犯罪率国際比較

いずれにせよ、このような治安の良さは、戦後の刑法解釈論において「刑罰謙抑主義」、刑事訴訟法において「被疑者・被告人の権利の重視」を可能にしたと思うのです。「去年は一昨年より犯罪が減った。今年はもっと減った」という状況が続く中で、「その程度のことまで敢えて処罰する必要はない」という価値判断が優越していくのは、ごく自然のことだったと思います。刑罰という「害悪」は使わない程良いという流れだったのです。

一九七五年という転換点

欧米と日本の違いはどこから生じたのであろうかという点に関して、白書の説明は絶対的なものではないのですが、大変興味深いものです。日本の治安の良さを我が国の社会的、文化的特質に求めていました。ただ、その時点で犯罪白書は、当時の犯罪の傾向の分析から、その後の深刻な犯罪状況の到来の兆しを指摘していたのでした。刑法犯全体の犯罪率が一九七五年から連続四年間増加を続けていることを指摘し、犯罪の減少の時代が終わったことを感じ始めていました。そして、銃器使用の金融機関強盗が多発していること等を根拠に、「我が国の最近における犯罪現象は、必ずしも楽観を許さないものがあるように思われる。もとより、我が国独自の伝統的な社会的、文化的特質から見て、このような犯罪傾向が欧米のように深刻な状態に至ることはあり得ないとも考えられるが、現今のように国際交流の激しい時代にあっては、伝統的文化も変質を免れない」と警鐘を鳴らしていたのです。後から振り返ると、一九七五年前後が転換点だったのかも知れません。一九七六年、田中角栄がロッキード事件で逮捕されました。高度経済成長の終わりを象徴しているようにも思うのです。

私は、その一九七五年に都立大法学部に奉職し、講義を始めました。その頃は、戦後日本の治安はどんどん良くなってきたと講義しました。しかし、しばらくすると、風向きが変わってきました。留置場が溢れ刑務所が溢れ出したのです。その結果、刑務所の「民営化」にまでいたる。二〇〇二年が犯罪率のピークです。戦後の混乱期の二〇〇〇を超えて、二二〇〇にまで達しました［図3］。当時は、「日本の治安がメルトダウンする」というような表現も使われました。

一九七五年から、こういうデータを作りながらいろいろな講義をしてきて、「この先どうなるのか。また増えるのか、それとも減るのか」みたいなことをずっと見てきたのです。ただ、「来年はこう変わるのでは」と予想しても当たりません。「いやあ、わかんないよね」というのが実感です。株と同じですよね。何が上がるかわかっていたら、みんな大金持ちではないですか。「バックトゥーザフューチャー」は映画だから成り立つのです。犯罪現象も同じような話ですね。

ただ、今から見ると、犯罪白書で戦後前半期に犯罪の減少をもたらしたとされる先述の①〜②は、一九八〇年代以降は、ほぼ全て消えていっていたのです。犯罪率の上昇には、次のような説明がなされました。

①外国人犯罪、とりわけ来日外国人による犯罪の増加。単純労働を認めたブラジル・ペルー人の高い犯罪率。
②核家族化の進行と家族・コミュニティ・企業などの強い連帯性の喪失。
③文化的伝統に根ざした倫理感の希薄化。「思いやり」や調和より、自己主張を賞賛する社会。
④非公式な社会統制力の劣化。
⑤学歴などを中心とした、新たな階層社会の形成。中流層の分散。

そして、二〇〇二年からは、治安対策の成功か否かはともかく、犯罪が激しい勢いで減りだしたのです［図4］。ものすごい勢いで認知件数が減ったおかげで、逮捕される人数も減り留置場に余裕ができました。東京で見て回っても、目に見えて外国人留置人が減っていったのです。もちろん留置人全体も減りました。検察官は、裁判員裁判で大変な面もあったのですが、ゆとりが出てきました。裁判所も暇になり、刑事部が減っていきました。そして、刑務所も閑古鳥とはいえませんが、かなり空いてきたのです。

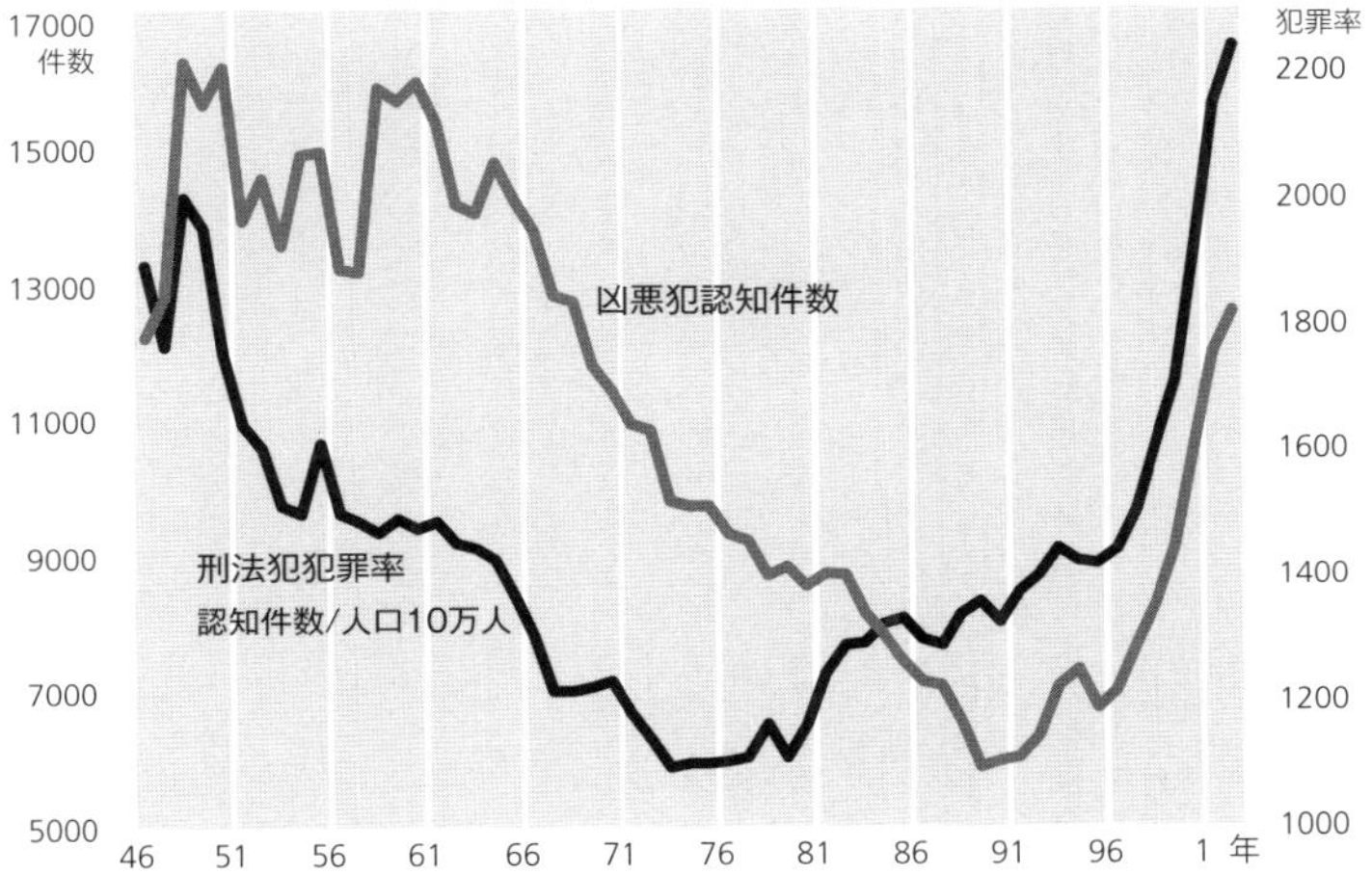

図3● 戦後犯罪率･凶悪犯認知件数推移（～2003年）

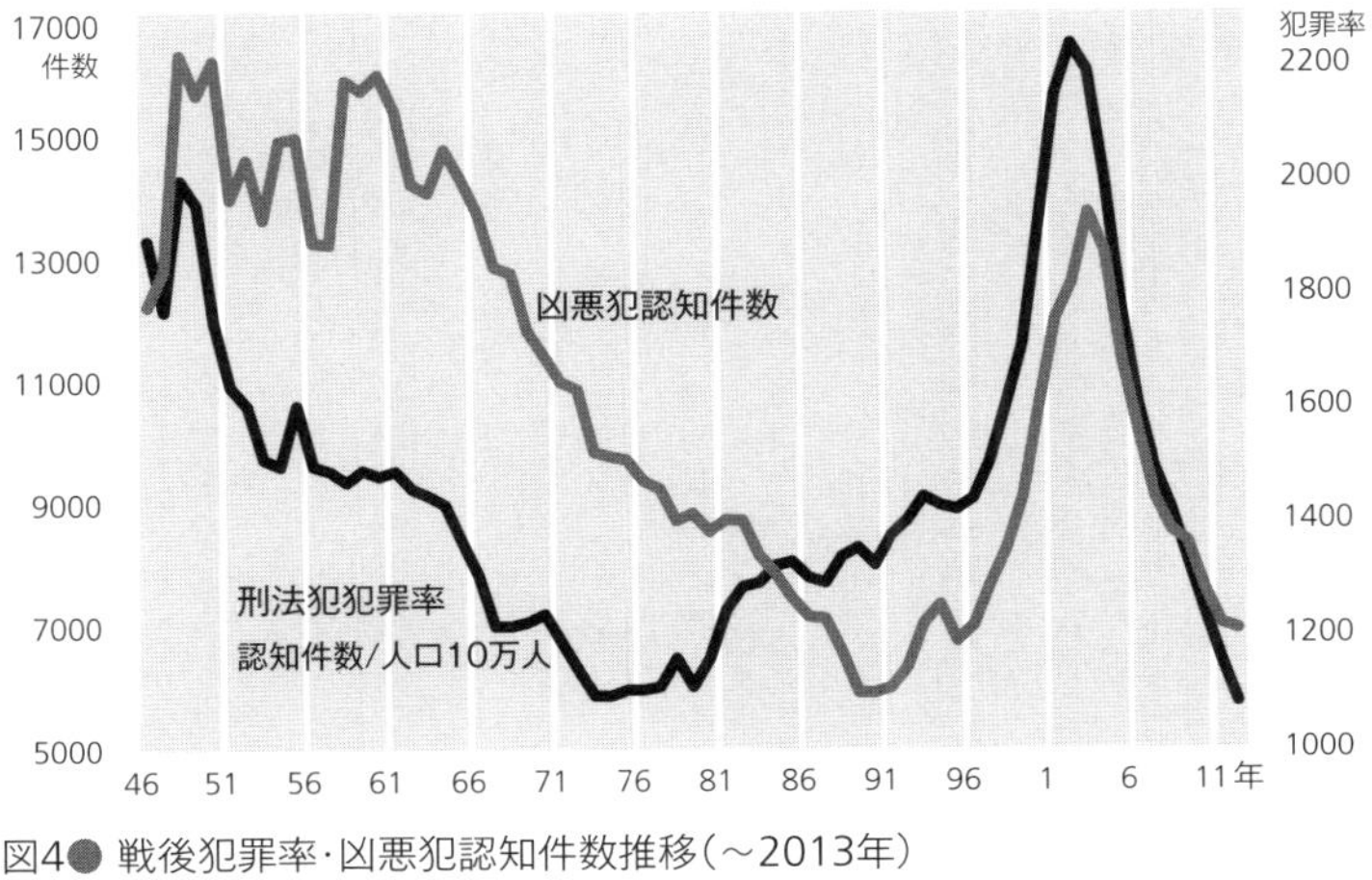

図4● 戦後犯罪率･凶悪犯認知件数推移（～2013年）

このような一連の治安の改善と悪化の繰り返しの動きを、しかも毎年講義の準備をする中でグラフ化していると、まさに「万事塞翁馬」だと感じるのです。

もちろん、何時悪化が始まり、何時それが止まって改善するかは、わかりません。その変化に法則性があるなどとは思いません。しかし、良くなれば悪くなり、悪くなれば良くなるという気がするのです。その意味で、波動は必ず繰り返す……。ファッションの流行が繰り返すのも似ている感じです。しかし、同じような流行の波が来たからと言って、前の流行の服はそのままでは着られないのです。

私は統計をグラフ化して説明することが非常に多いのですけれど、その際には、もとより「官庁統計」の限界を認識することも重要ですが、それを除いても、数字の意味は慎重に吟味しなければならないと思います。そう思うきっかけになったのは『少年犯罪――統計からみたその実像』(東京大学出版会、二〇〇〇年)を書いたことですね。この本を書く最大の動機は、当時の少年法研究者などの「少年犯罪は増えていないのに、目立つ事件があることを理由に少年法を改正するような動きがあるのは許されない」「法務省は、客観的データをきちんと評価していないのではないか」という論調に違和感を感じたことなのです。治安悪化の真っ直中で、しかも少年犯罪の凶悪化が、社会的に問題となっている時期でした。少年非行の現場を回っていても、少年犯罪は現に悪化しているという少年係の声ばかり聞こえてきましたし、少年は、成人の一〇倍の割合で犯罪を犯すようになってしまっていたのです。終戦直後は一対一でした。一方、犯罪の発生数（認知件数）は非常な勢いで増加していました。そこで、統計を見直してみますと、短期間に検挙率が三分の一になってしまっていたので、「少年犯罪が減った」と錯覚してしまっていることに気がついたのです。検挙された少年は、たしかにそう増えていませんでした。しかし、強盗などはかなり増えていました。警察は、簡単に言えば「犯罪が増えすぎたので、検挙は重大な犯罪に集中させよう」という方針転換をしたのです。「少年の検挙数総体が増えていないのだから、少年への施策を厳しくするのは誤りだ」という議論は、誤りなのです。いずれにせよ、「波」は表層部分を見ているだけでは掴めないということに思いいたりました。

戦後社会の「波」と法理論の変化

そして、このような変化を踏まえつつ、刑事法解釈論を講義していると、「法理論も、やはり動く」と感じはじめました。もっと言えば、犯罪状況が動くから刑法の解釈が動くのではないのか。

次のグラフ［図5］は刑法犯の認知件数です。折れ線グラフは国民の治安意識に関する意識世論調査の結果です。総理府から内閣府に引き継がれた、日本で一番権威のある世論調査です。「あなたは、日本の治安が悪い方向に向かっていると思いますか」という設問です。全国規模で、永年継続して実施された治安についての世論調査はこれだけなのだと思います。そうすると、国民の治安に対する不安感が、きれいに犯罪率と連動していることがわかります。ただし、「きれいに」と言っても、二〜三年遅れてはいますが、一箇所、大きくずれたところがあります。オウム事件の頃です。犯罪率は変化していないのに、国民は非常に大きな不安を感じた。動揺したのだと思います。その意味では、「件数」だけが重要なのではない。ただ、オウム事件のようにインパクトの大きな事件があったとき以外は、犯罪率に連動しているといってよいでしょう。ただ、二〇〇二年以降犯罪率が急降下していく流れの中で、国民の治安意識がそのまま変化しなかったのが、「秋葉原通り魔大量殺人事件」のあった後です。不安意識の減少に「踊り場」ができてしまいました。ただ、国民の意識が、件数だけではないけれども、大きくは犯罪状況を投影しているものだということは、当たり前なのですが、認識しておく必要があります。

そして裁判官も、マクロで見れば、国民の意識の変化を体現しているのです。次のグラフ［図6］は、日本の地裁通常第一審の言渡刑の平均値ですが、だいたい先ほどの国民の意識と並行して動くのです。国民の世論調査の動きより若干遅れて動くのですが。これもある意味で当然で、刑の重さは、変化しています。死刑の割合もそうです。ここで、「死刑の割合」というのは何かというと、認知件数に対して、第一審で死刑が言渡された割合です。日本で死刑になるのは殺人罪と強盗殺人罪だけですので、一九九条と二四〇条の認知件数に対して、現に死刑が言い渡される数の割合をみるわけです。そうすると、刑法犯全体の言

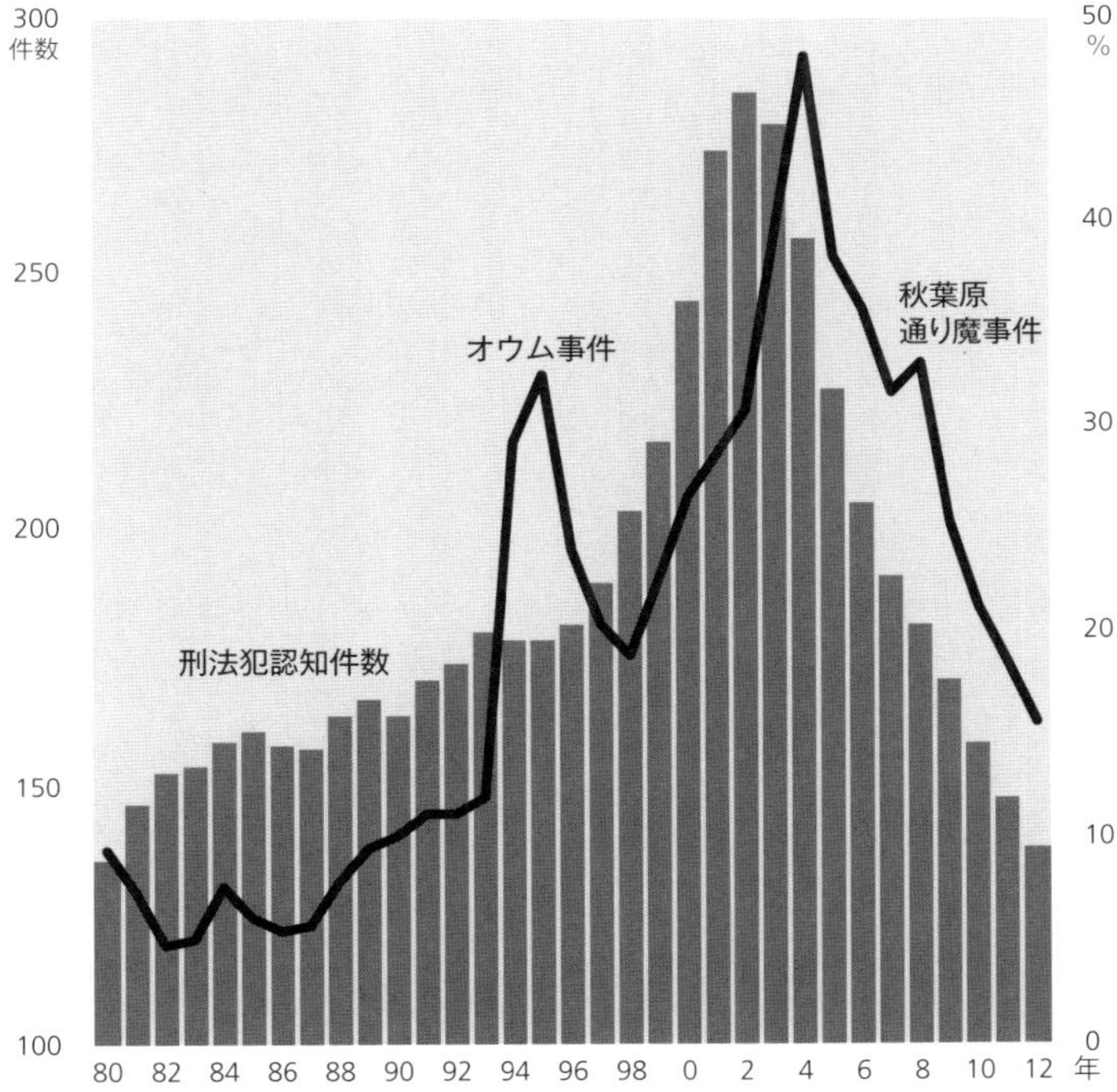

図5● 治安意識と認知件数の相関性

渡刑の変化と同じような動きをする。ただし、死刑は「標本数」が少ないですから、グラフはなめらかにはならず、ギザギザにはなるのですが。いずれにせよ、この変化を見ていますと「死刑は正しいか、正しくないか」という議論の仕方が、現実と離れていると感じます。意味がないというつもりはないのですが、日本の刑事司法実務は、死刑の存在を前提に動いています。そして、死刑の割合は、やはり治安状況、そしてそれを投影した国民の意識と無関係ではあり得ないのです。だとすれば、九割の国民が死刑を廃止する必要はないと考えている現在、国の政策として、死刑廃止論を採用することは困難なのです。もちろん、犯罪発生状況が著しく好転したり、死刑を執行したが冤罪であったことがはっきりするなど、国民が大きく死刑廃止論に振れることも考えられます。その時は廃止することが可能となります。しかし、一度廃止したら復活は難しいので、慎重に判断すべきです。もちろん法律の世界は、最後は国民が決めるのです。永山事件、光市事件の被害者のご遺族の奮闘により死刑に動いたとか、ミクロでいろんな議論があるとは思います。それも大事ですが、やはりこういう形で動いていく、社会の変化のなかで動いていく、ということを認識することが必要です。マクロでは、ごく最近は死刑の基準が厳しくなってきていると思います。

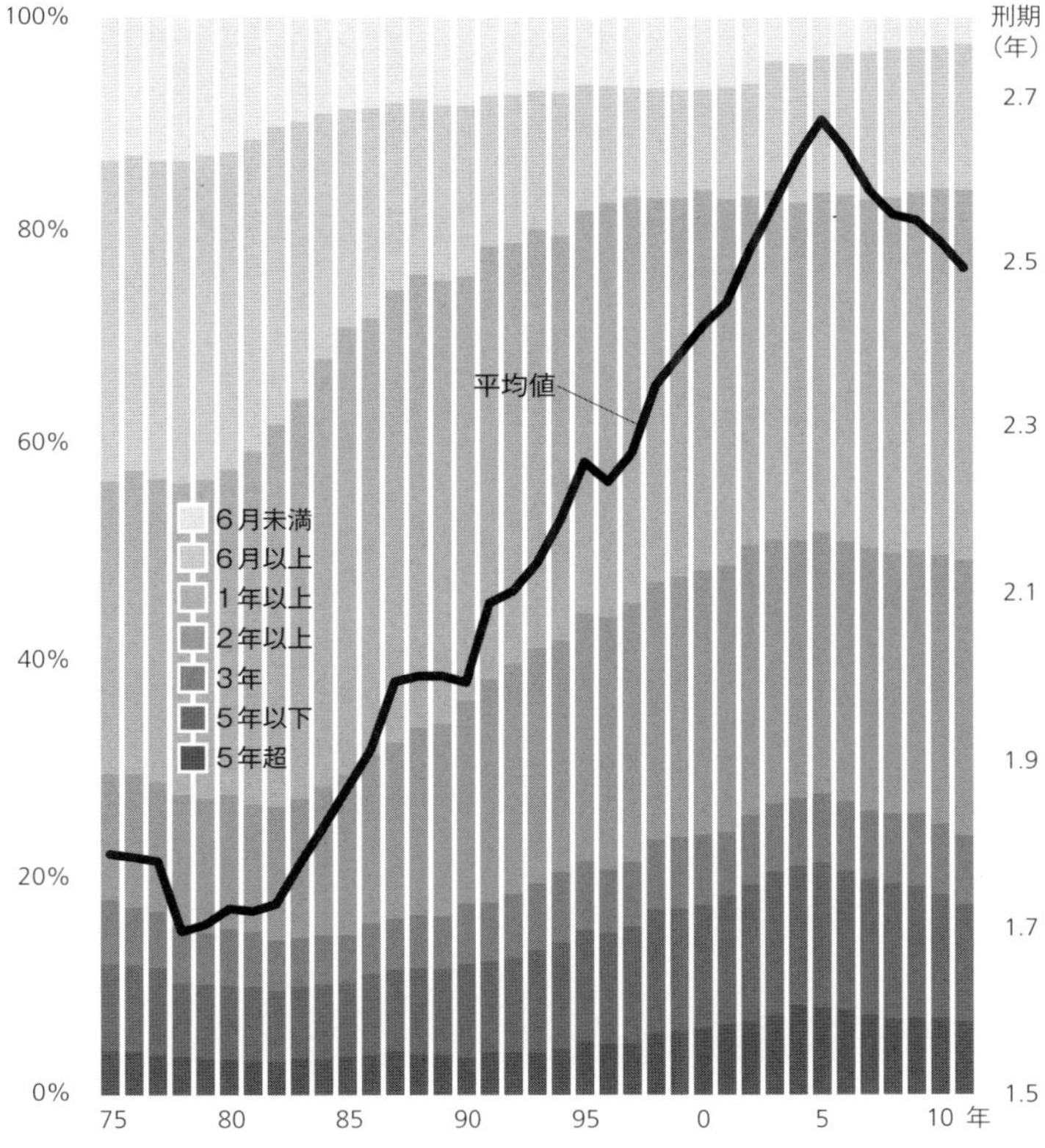

図6● 通常第一審言渡刑の平均値

最高裁の大きなうねり

刑の重さが治安状況や国民の規範意識で動くというのは、当たり前のことなのかも知れません。ただ、そうなってくると、「犯罪の理論」、つまり、「どのような行為までを犯罪とするか」も動くということを意味します。犯罪論も動くのです。

犯罪論が、内在的な理論の発展などとは関係なく、社会の変化によって動かされるものなのだと、まず感じたのは、『可罰的違法性論の研究』で扱った、公安労働事件の処罰範囲に関する判例の変化でした。昭和五〇年前後に、戦後の社会の転機があったこと等、当時は全く意識しようがなかったのですが、刑法思潮、さらにその基礎となる憲法的な価値尺度が変化し、大きくカーブを切った象徴的な年が、昭和四八年でした。私が助手になったのが、昭和四七年三月です。昭和五〇年春に助手論文を書き上げたわけですが、まさに地殻変動の真っ直中だったのです。

昭和三〇年代から四〇年代にかけて、刑法の解釈論の最大の争点が、国鉄などの現業公務員などの「禁止された争議行為ないしそれに随伴する行為」について、労働組合法一条二項を用いて正当化し得るのかという点であったのです。憲法の定めた「労働基本権の重視」という方向性の定着は、労働組合運動の高まりをもたらし、公務員などに関する労働法規で「禁止された」争議行為についても、その処罰を否定する意見が強まっていきました。刑法理論の世界では、禁止されている行為が犯罪類型に当たる場合であっても、「違法ではあるが可罰的な違法ではない」と説明できないかというような議論が盛り上がったのです。それが「可罰的違法性論」の中枢部分です。

しかし重要なのは、公務員の争議行為をどこまで処罰すべきかという価値判断そのものが激しく揺れ動いたという事実です。可罰的違法性に関する様々な理論的説明は、価値観のせめぎ合いから生じる大きな波に浮かぶ「木の葉」のようなものだったのです。

この問題に関する下級審の判例の激しい争いに決着をつけたのが最判昭和三八年三月一五日でした。同判決は、争議行為が禁止されている以上、労働組合法一条二項を適用して「正当性の限界如何を論ずる余地」はないとして現業公務員の行為を処罰したのです。理屈としては「違法なものが正当化されることはあり得ない」「労働法上違法なものは刑法上も違法である」という説明です。

しかし四〇年代に入ると、最高裁までもが現業公務員の処罰範囲を限定するのです。その象徴的な判例が、全逓東京中郵判決（最大判昭和四一年一〇月二六日）でした。最高裁の大法廷は、①公務員等の争議行為を禁止することは違憲ではないが、②労働基本権の制限は必要最小限に限られ、特に刑事制裁は必要やむを得ない場合に限られるべきであるとし、③公労法上違法な争議行為であっても必ずしも刑罰法規の予定する違法な行為とは限らないとして、労組法一条二項による正当化を認めたのです。ここでは、完全に「違法の相対性論」つまり、「公労法上違法でも、刑法上は正当化され得る」という考え方が採用されたのです。そして同判決の補足意見が「刑罰法規における違法性」という意味で「可罰的違法性」という文言を用いたため、最高裁が可罰的違法性論を採用したとされることになったのでした。

労働基本権の制限は、労働基本権を尊重確保する必要と国民生活全体の利益を維持増進する必要とを比較衡量して、両者が適正な均衡を保つことを目途として決定すべきであるが、労働基本権が勤労者の生存権に直結し、それを保障するための重要な手段である点を考慮すれば、その制限は、合理性の認められる必要最小限度のものにとどめなければならない。

……公労法一七条一項に違反して争議行為をした者に対する刑事制裁について見るに、さきに法制の沿革について述べたとおり、争議行為禁止の違反に対する制裁はしだいに緩和される方向をとり、現行の公労法は特別の罰則を設けていない。このことは、公労法そのものとしては、争議行為禁止の違反について、刑事制裁はこれを科さない趣旨であると解するのが相当である。公労法三条で、刑事免責に関する労組法一条二項の適用を排除することなく、これを争議行為にも適用することとしているのは、この趣旨を裏づけるものということができる。そのことは、憲法二八条の保障する労働基本権尊重の根本精神にのっとり、争議行為の禁止違反に対する効果または制裁は必要最小限度にとどめるべきであるとの見地から、違法な争議行為に関しては、民事責任を負わせるだけで足り、刑事制裁をもって臨むべきではないとの基本的態度を示したものと解することができる。

……これと異なり、公共企業体等の職員のする争議行為について労組法一条二項の適用を否定し、争議行為について正当性の限界のいかんを論ずる余地がないとした当裁判所の判例は、これを変更すべきものと認める。

しかし昭和四八年、最高裁は全農林判決（最大判昭和四八年四月二五日）等により、公務員の労働基本権に関する評価を再び大きく修正するとともに、その刑事法的評価についても厳しい態度を示したのです。そして最高裁は昭和五二年五月四日に、全逓東京中郵とほぼ同一の事案に関し、処罰することができるとしました。

刑罰は国家が科する最も峻厳な制裁であるから、それにふさわしい違法性の存在が要求されることは当然であろう。しかし、その違法性の存否は、ここに繰り返すまでもなく、それぞれの罰則と行為に即して検討されるべきものであって、およそ争議行為として行われたときは公労法一七条一項に違反する行為であっても刑事法上の違法性を帯びることがないと断定するのは、相当でない。……(公労法一七条一項)に違反する争議行為は、国民全体の共同利益を損なうおそれのあるものというほかないのであるから、これが罰則に触れる場合にその違法性の阻却を認めえないとすることは決して不合理ではないのである。

昭和四〇年代の、最高裁の「刑罰謙抑主義」の流れの象徴である全逓東京中郵判決が、まさに同じ事案について逆の結論を採用するという形で、正面から変更されました。「労働法上違法な行為は刑法上も必ず違法となる」という命題の「当否」は、ある意味でどうでもよいのです。妥当・不当どちらの説明も十分に成り立つのです。重要なのは、昭和五〇年前後に、最高裁の「価値観」の転換があったということなのです。最高裁の変化の最も基礎にあるのは「刑罰謙抑主義に対する姿勢」の変化であり、その前提には、六〇年安保、七〇年安保を経て、国民の労働運動などへのスタンスの変化が、当時はよく見えなかったのですが、進行していたのだと思います。それは、犯罪発生状況の「昭和五〇年前後の断層」と、期せずして一致したのです。

たしかに、ミクロの視点で見れば、下級審判例の中にはこのような流れに逆らう動きもありました。また、裁判官の任用の仕方で、このような「政治的判断」は動くという面もあるでしょう。しかし、裁判官の任用を含め、そして政治情勢も含め、社会の大きな波をマクロに描くことは、意味のあることだと考えています。

財産犯の本質論の揺れ動き

刑法各論の領域で、このような社会のうねりの中で法理論が動くことを目の当たりにしたのが、財産犯の本質に関する「本権説・所持説」の対立です。従来は、「いずれの説が正しいのか」という形で議論されてきました。行為無価値論・結果無価値論との対立と結びつけて論じられることも多かったと思います。「結果無価値論を採用するのであれば、本権説に至るべきである」というような議論です。もちろん、「歴史的に見れば、いろいろ揺れ動いた」ということは認識しつつ、結局「いずれの説が正しいのか」を問題にしてきたように思うのです。私もそうでした。

次のグラフ［図7］は窃盗罪、強盗罪の一八七六年以降の犯罪率（人口一〇万人当たり）です。グラフでもわかりますように、明治期の日本は財産犯の発生件数がものすごく多かったのです。特に強盗ですね。明治四〇年にできた刑法典において、殺人罪が三年以上（死刑はありますが）なのに対し、強盗罪は五年以上でした。木村光江教授の研究によれば、この財産犯多発期の後、しばらくして判例が所持説になるんですね（木村光江『財産犯論の研究』日本評論社、一九八八年）。細かい話は略しますが、本権説とは、財産犯は基本的に財物の所有権者の権利を害するのだから、奪われた財物を占有していた人に法的根拠（権原）が全くない場合には、犯罪とならないと考えます。泥棒が盗んだ結果占有している物については、権原が全くないので無罪となります（ただ、泥棒に盗まれた被害者の法的権利が害されているとして、窃盗を認める説もあります）。それに対し、所持説とは、財物が奪われただけで財産犯（窃盗、強盗、詐欺、恐喝等の奪取罪）は成立すると考えるのです。借りたものの返還期限が過ぎて、民事上占有している権原がなくなっても、それを貸し主が勝手に持ち出せば、窃盗罪は成立します。盗品を盗まれても、泥棒には、持っていた財物を喪失したという不利益があり、それは窃盗罪で保護に値すると考えます。

大正期、治安が安定して財産犯が減ったときに、判例は本権説に変化します。それまで、処罰してきた「法的権限を欠く（十分でない）占有」を奪った事案について、財産犯の成立を否定するようになるのです。しかし、戦後この流れには「揺り戻し」が生じます。グラフを見て頂ければおわかりのように、第二次世界大戦後以降の混乱期には、財産犯が多発しました。そしてしばらくして、判例は所持説に変わっていくのです。その後、財産犯が減少した後は、財産犯の成立範囲が限定的になっていきます。裁判所は、現時点でも、「法的権原がなくても、財産犯は成立する」という構成要件判断は堅持しているのですが、「違法性が阻却される」というような形で無罪化するものが見られるようになります。

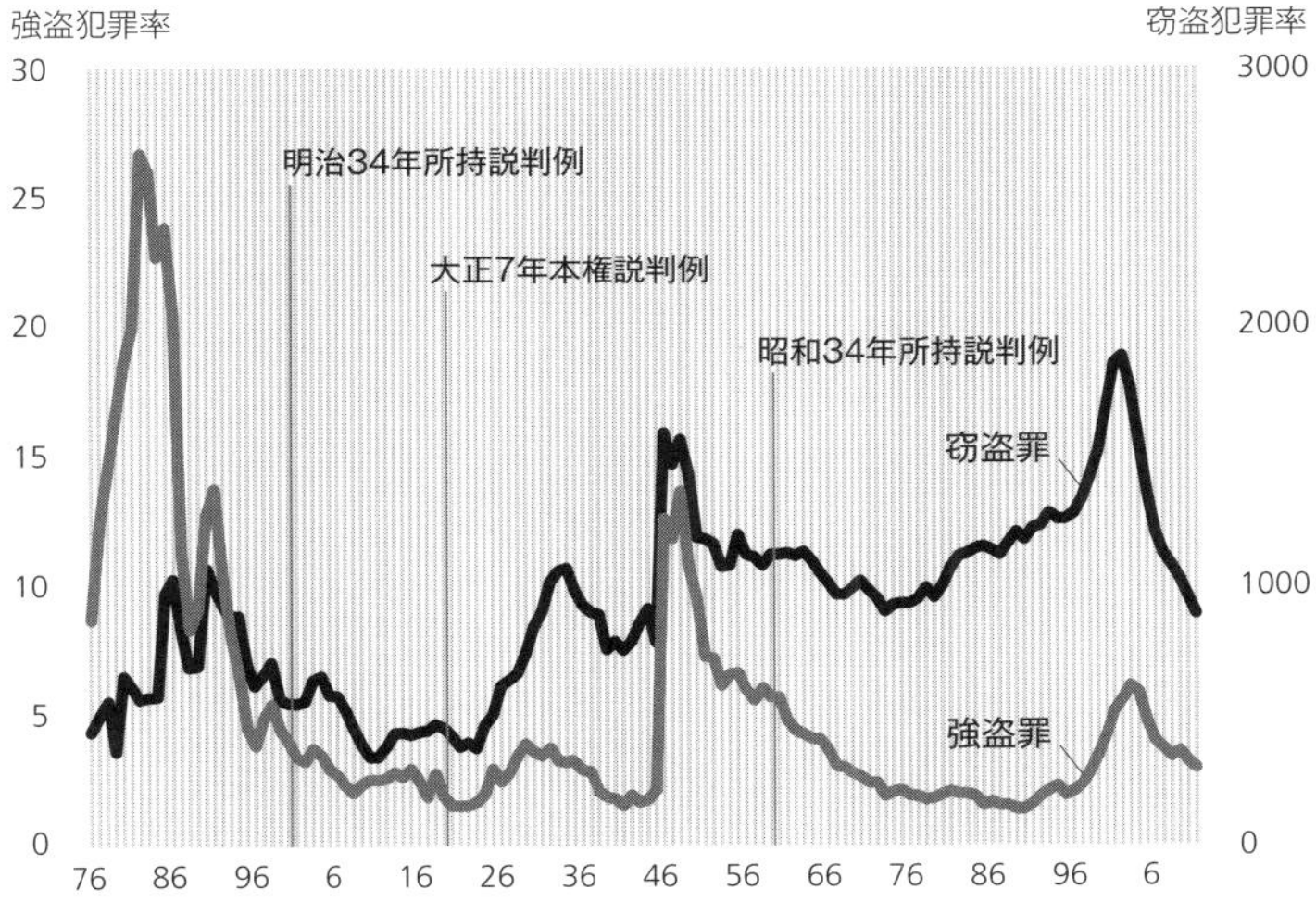

図7● 財産犯(窃盗罪・強盗罪)の犯罪率の変化

木村教授の研究で、同じような変化は、ドイツ、イギリス、アメリカでも見られたことが、明らかになっています。ドイツでは、第一次世界大戦と第二次世界大戦の間に、財産犯は、異様な発生状況に至ります。その時にナチスが出てくるのです。財産犯が多発してそれに対する禁圧の要請が高まったときには、裁判所は所持説化するのです。アメリカでは、ベトナム戦争後の混乱した社会で、財産犯、強盗等がものすごく増えました。その後、判例は所持説に変わるのです。

議論を単純化しすぎてもいけないのですが、このような事実を冷静に眺めていると、少なくとも「本質的にどっちの説が正しいか」という議論は、ナンセンスだという気になります。その状況のなかで、いずれの説が国民の納得を得られる結論と結びつきやすいか、ということにならざるを得ないのです。もちろん、「刑罰謙抑的な本権説が理論的に正しいのであり、国民の意識に影響されていたら、場当たり的な判断に陥る」という議論も考えられます。しかし、問題は「何故本権説が正しいのか」「刑罰謙抑主義だけで良いのか」ということなのです。結局は、その主張者の「価値判断」なのではないでしょうか。所持説についても同じことがいえます。財産犯論は、両極にある本権説と所持説の間で、まさに揺れ動いてきました。そして、その「中間」に収斂していくというものでもないのです。

未遂と共犯と大陸移動説

実は、よく見ると、刑法理論の根本的な部分が、社会の変化により、大きく揺れ動いているのです。「その学者の刑法の理論の特徴を把握するには、未遂と共犯の部分の記述を見ればよい」といわれていました。たしかに、その学説全体の試金石なのだと思います。そして、その部分が大きく動くことに気がつきました。しかも理論的な議論の積み上げなどによってではなく、動くのです。まさに、「大陸移動説」が刑法理論の世界にも妥当しているのです。

たとえば、イギリスの未遂の立法が、認知件数の急増の中で、大きく変わりました〔図8〕。治安状況がものすごく悪くなると、日本でいえば不能犯に該当するような、結果発生の危険性の低い行為を未遂として処罰するようになったんですね。もともと、未遂というのは、結果が起こらない場合を処罰する。「結果が起こらなかったから処罰までする必要はない」という考え方もありうるのですが、どこの国でも、少なくとも近代では「未遂」を処罰する。その理由として、「結果が起こる可能性があるのだから」ということを挙げます。問題は、その「可能性」がどの程度なら処罰するかなのです。それが、動くのです。国民の意識によって。もちろん、護るべき利益の大きさ、逆に言うと、予想される害悪（結果）の大きさによって違います。しかし、治安が悪くなると、低い危険性でも、処罰することになるのです。

共犯論の最も重要な対立とされてきたのが、共犯従属性説と共犯独立性説の対立でした。殺人を唆した場合、唆された側が何もしなくても（殺害行為に着手しなくても）殺人教唆の未遂としては処罰すべきだと考えるのが、共犯独立性説です。唆すこと自体に犯罪性を求めるという言い方もできるかと思います。それに対して、共犯従属性説は、唆された側で殺害行為に着手しなければ、教唆の未遂として処罰すべきではないと考えます。やはり、未遂として処罰するには、殺人行為が開始されること、すなわち殺害の危険性が一定程度必要だとする説です。日本では、従属性説が有力で、イギリスでも同様でした。しかし、治安の著しい悪化やテロ事件などを受けて、共犯独立性説に変わっていくのですね。唆しただけで処罰するようになる。有力な学者が説を変えたというようなことではなく、やはり国民の代表である議会が、未遂法とか共犯法を変えて、処罰化したのです。アメリカの九・一一事件以降の動きにも、同じようなことが見られるわけです。犯罪「理論」が、社会の動きから完全に自由であるなどということはあり得ない、ということなのだと思います。

この動き方を見ていると、「万事塞翁馬」、すべては偶然に思えるのです。いろいろな理論とか、社会の動きをみていると、たとえば行為無価値論と結果無価値論だって、どっちに振れるかは、振り子のようなもので、必ず「戻る」ように思うのです。「万事塞翁馬」も読み方はいろいろありうるのであって、引用の仕方だとか、自分の議論の引き寄せて、いろいろな言い方ができると思うんですが、やっぱり私は、「一

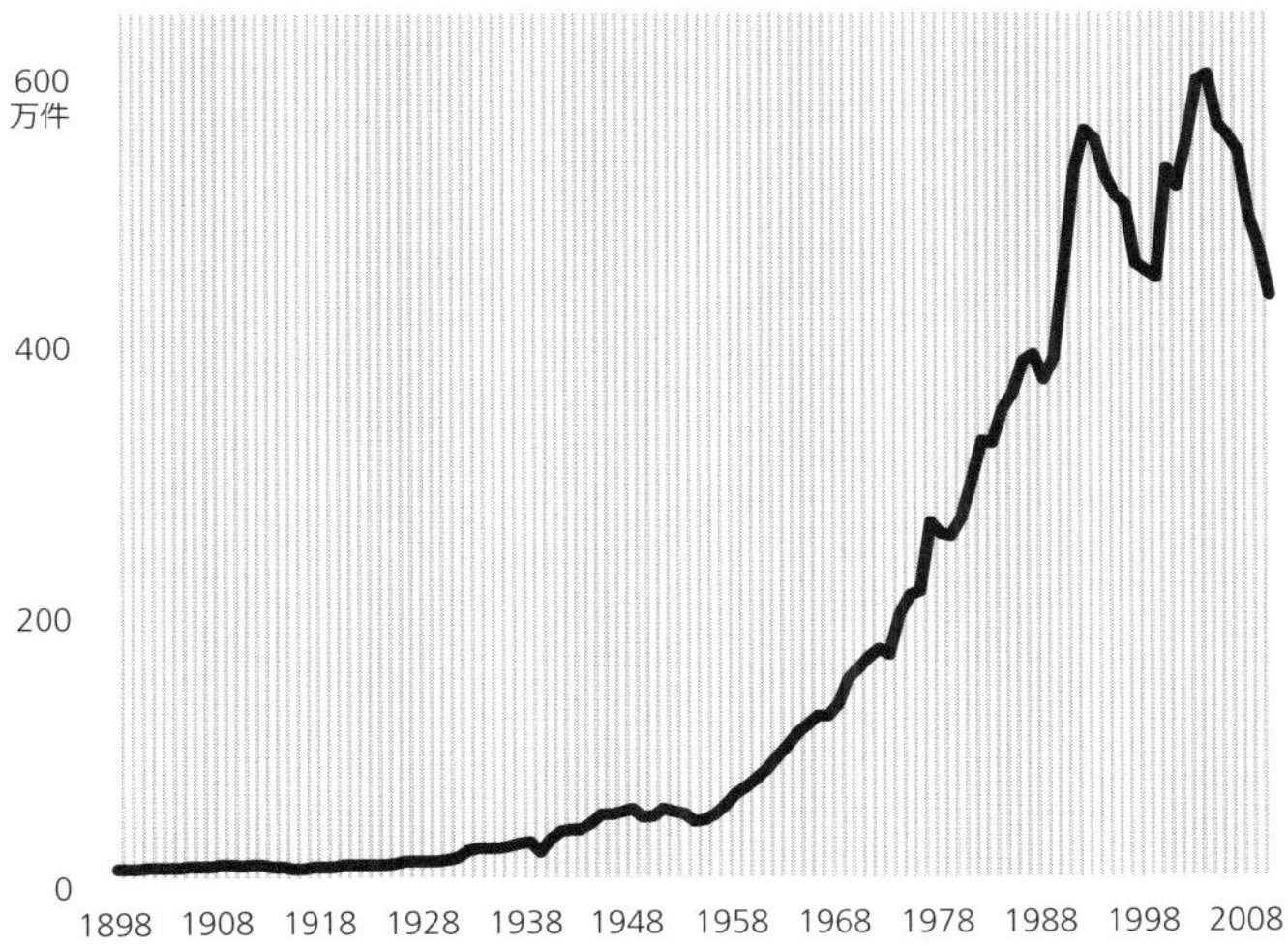

図8● イギリスの犯罪発生状況

定の方向に向かっている法則性がある。だからこうだ」という言い方は、だんだんしなくなりましたね。「歴史法則によれば……」というタイプの議論は、信頼できないです。どっちに行くかは、神様にしかわからない。

私が学生に一貫して言ってきたのは、「試験」なんて運だよということです。実力だけで受かるというのは、本当はちょっと違うんじゃないか。どういう問題と巡り合わせになるかも、運じゃないですか。どういう採点者に当たるかも運です。もちろん、実力が全く関係しないという意味ではありません。学生を励ますという意味もあるけれども、悪いことがあったら、今度は良いことがあるよと、いずれか一方だけということはないと、心の底から思っています。

学問と縁——目黒区八雲(一九四九年)

次の写真は東京都立大学の正門です。私は、「目黒区衾町」、今の「八雲三丁目」ですか、そこの生まれなんです。正門から、一〇秒ではないですけれども、歩いて二〇秒くらいのところで生まれました。子供時代は、この正門を通りぬけて、まだ戦後の焼け跡の匂いが僅かに残る商店街に、坂を下りて行きました。西の方にちょっと行くと、田畑が残っていました。本当にのどかなところでした。高架化は遙か後のこと

東京都立大学正門

東京都立大学　八雲校舎

でして、東横線都立大学駅ホームに、踏切をくぐるようにして行ったことを覚えています。生まれたのは一九四九年です。府立高校などが一つになって東京都立大学が出来たのが、一九四九年なのです。一九四九年は、中国、中華人民共和国が出来た年でもあります。そして、二五年後に東京都立大学に、教員として採用していただいたというのは、やっぱり縁なんだと思いますね。一九七五年の九月に都立大学法学部に着任いたしました。ただ、今はこの正門も残っていません。柱だけ一部残っていますけれど。

その頃、都立大は、「若手の世界」でした。というと先輩の先生方からおしかりを受けることになってしまうのですが、政治の水谷三公先生、宮村治雄先生、法制史の水林彪先生がいらして、次に来られたのが御厨貴さんです。御厨さんは弟の高校時代の同級生だったり、都立に着任の際に、私が少し間に入ったりということもあって、よく話をしました。みんな、頭文字が「M」なのです。水林先生は、高校の先輩でもあるし、大学に来たのも同時になりました。法制史には、かなり先輩の渕倫彦先生がいらっしゃいました。その次に来られたのが、去年（二〇一四）亡くなられた小寺彰さんです。比較的近い先輩では、渋谷達紀先生が去年亡くなられました。同じ世代の民法の野村好弘先生はその少し前に亡くなられています。上の写真の右端が私です。そして下の写真も私です。全部本物なんですけど違うように見えるかも知れません。

東京都立大学創立15周年記念写真（右端が著者）

刑法研究会と東京大学出版会

私の研究の出発点は、東京大学法学部の助手に採用された時点です。そして、平野龍一先生には研究の「いろは」からご指導いただきました。ですから、平野先生抜きに、今の私が存在しないことは言うまでもないことです。そして、私が都立大に就職できたのは、内藤謙先生のお力によるものです。内藤先生が都立に呼んで下さった、それ以上のものでも以下のものでもありません。助手論文を丁寧に読んでいただき、採用手続を進めて下さいました。本当にお世話になりました。昭和四〇年代に、平野先生を中心に刑法改正問題に関する、「刑法研究会」という組織ができていました。内藤先生も主要メンバーで、私は助手として、雑務を手伝っておりました。

刑法研究会は、科研費の研究会で、代表者は平場安治先生でした。簡単に言えば刑法改正反対の勉強会です。実質は平野先生中心の会なのですが、その関係で、内藤先生の他、吉川経夫先生、中義勝先生、香川達夫先生、中山研一先生、福田平先生はじめ多くの先生方とお目にかかり、何度も「合宿」をいたしました。関西の先生が来られるときには、ホテルを予約する等のお手伝いもしました。ただ、福田先生は、団藤重光先生との関係もあったと思います。ほとんど来られなかったと記憶しています。西原春夫先生、宮澤浩一先生、藤木英雄先生、内田文昭先生も当時は若手でした。藤木先生は、やはり、団藤先生との関係もあったと思います。あまりいらっしゃらなくて、若手として田宮裕先生のほうが、熱心に参加されておられました。若手と言えば、大谷實先生も、外遊から戻られて、最後のほうに参加されました。その他にも、もちろん、たくさんいらっしゃるわけですけれども、そこでの縁が、現在の私の学問にとって非常に大きな意味があったと思います。やはり人とのつながりだと思いますね。ただ、私の人生においては、東京都立大学との縁が、最も大きなことだったのです。

私は、この刑法研究会の「お茶汲み係」という表現が一番実態に近いのだと思います。先生たちのホテルや合宿の宿をとったりとか、そこに持って行くお菓子を買っていくとかですね。そのおかげで、いろいろと先生方からお話をうかがうことができました。合宿では、ずっと外に出られませんので、先生たちとの時間が非常に長かったのです。ですから、教科書の世界というか「表の世界」とは違った、先生方の「本音」を知ることもできたように思います。私の学者人生にとっては非常に大きな「縁」だったのです。

刑法研究会の成果をまとめて、本にしたのが東京大学出版会でした（平場安治・平野龍一編『刑法改正の研究1 概論・総則 改正草案の批判的検討』『刑法改正の研究2 各則 改正草案の批判的検討』一九七二―七三年）。編集部の羽鳥和芳さん（現・羽鳥書店代表）との縁ができたのも、刑法研究会がきっかけです。七五年に都立大に就職させていただいたのですが、なかなか著作が出来なくて、出版できたのは八二年ですから、七年かかりました。平野先生ご本人は、「前田君、まだ出来ないのか」みたいなことを私には一切おっしゃいませんでしたが、東京大学出版会に直接「前田君の論文をそろそろ本にでもしたらどうか」という話をして下さったおかげで、羽鳥さんから出版の話をいただきました。それでも時間がかかってしまったのですが、なんとか本の形にできた、ということなのです。

『可罰的違法性論の研究』が出た後も、いろいろな仕事をし、本を出しましたが、結局、源を辿ると、「根」は可罰的違法性論の研究にあります。その意味で、私の原点はこの『可罰的違法性論の研究』でして、私の最も大切な財産はこの本なのです。出版時に、わがままを言って皮革で装幀し、「天金」の仕上げにしていただいた特製本は、私の宝物です。後に、都立大の図書館長をしていた時にもわがままを言って、大変な製本技術

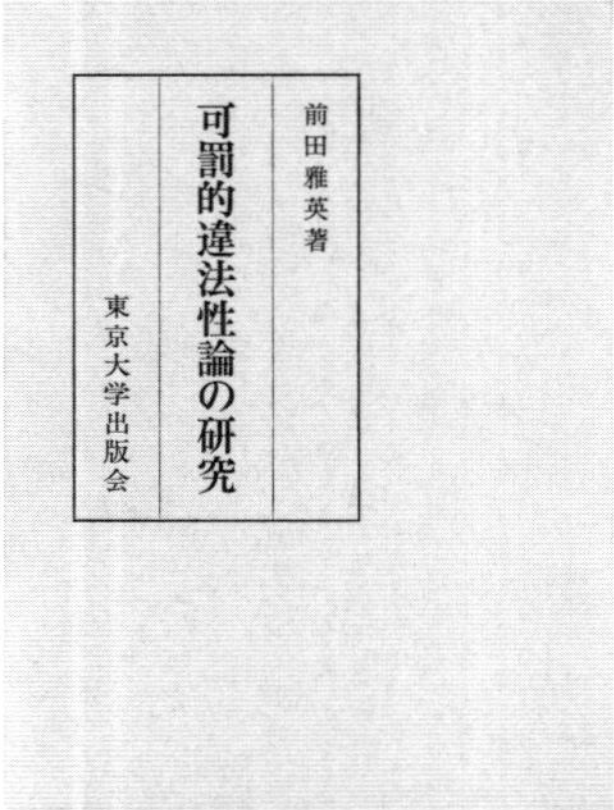

前田雅英『可罰的違法性論の研究』（東京大学出版会、1982年）

平場安治・平野龍一編『刑法改正の研究1・2』（東京大学出版会、1972-73年）

を持っている方に装幀し直してもらったものも、大切にしまってあります。しかし、本当の宝物は、生の原稿です。三〇九九枚（二〇〇字詰）あります。いまでもきちっと神棚に上げている……と言いたいところなのですが、家には神棚ないですから。ただ大切にしています。今はワープロの時代ですからね、三千枚書くといっても、たいしたことはないかも知れません。量はあまり意味がなくなってしまいました。しかし、「手で書く」というのは、大変なことと以上に、考えを深めるという意味では「大事なこと」ですね。あの頃の仕事には「考え抜いた」という実感があります。少なくとも「カット＆ペースト」はあり得ない時代でした。写真にあるのがその原稿の冒頭部分ですが赤字は私の字ではなくて、編集者が書き込んでこれから印刷に回す、という作業（割付け）をしてくださったもので、羽鳥さんの字です。

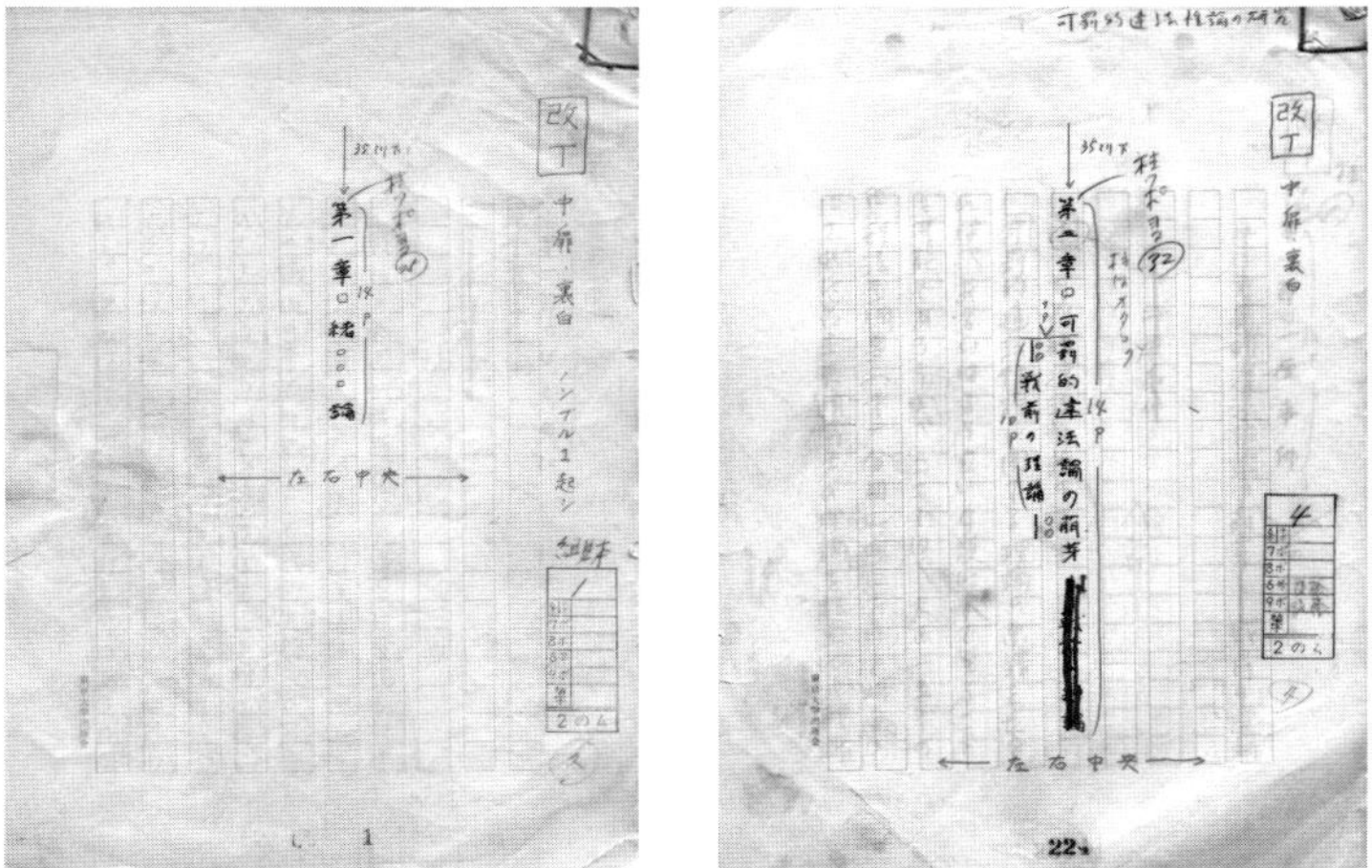

『可罰的違法性論の研究』原稿

『刑法講義』と『刑事訴訟法講義』

その六年後、一九八八年に刑法総論の教科書を出版させていただきました。昭和六三年です。翌年には、各論の教科書も上梓いたしました。一九七五年に都立大に赴任し、その翌年から刑法の講義を担当したのですが、講義の準備は非常に大変でした。講義案は、ほとんどの場合、当日の朝にしか完成しませんでした。ただ、都立大は夜間部もありましたので、その日のうちに二度目の講義をし、反省したり修正することができたので、とても良かったと思います。夜の講義のほうが、分かりやすくなっていたのだと思います。いずれにせよ、学生の反応や質問が、講義案を充実させてくれたと思います。

しかも私は、立教、学習院、慶應、法政、神奈川など多くの大学で、長短ありますが、だいたい四年くらい講義をいたしました。その結果、毎回書き改めたノートは、自分としては、非常に充実したものとなっていったと思っています。当初は、パソコンはなかったのですが、一九八五年頃から、「一太郎」というワープロソフトの初版からお世話になっています。パソコンも98シリーズ以来、実に多くのNECの器機のお世話になってきました。

私は、字がとても下手なので、ワープロは非常に魅力的でした。特に講義ノートは、見やすさが重要です。

実は、平野先生がかなり早くからワープロを利用されたのも、先生の手書き原稿は、出版社が非常に苦労する「個性的な字」であったことが影響しているように思います。しかしそのこと以上に、ワープロにより、原稿の推敲作業が質的に容易になりました。

講義案のワープロ化が進む中で、年二四講の講義を四〇回以上したものが、パソコンに貯まっていったのです。それが『刑法総論講義』『刑法各論講義』になったのです。今年（二〇一五）の二月には、総論の第六版を刊行いたしました。教科書は、研究書ではないのですが、コンスタントに改訂を進め、まさに編集者と読者に「ずっと育てていただいた」のです。ただ、法科大学院設立の次期だけは、改訂が飛んでしまいました。

都立大は、刑事訴訟法の小田中聰樹先生が東北大に移られ、内藤先生も東大に移られたため、刑法の総論・各論、

『ハンドブック刑事法――罪と罰の現在』（東京法令出版、2014年）

『刑法総論講義［第6版］』（東京大学出版会、2015年）

刑事訴訟法を一人で講義したこともありました。ただ、香川達夫先生に刑法の非常勤の講義をお願いし、大変助けていただきました。刑事訴訟法は、実務家に講義をお願いしました。当時の東京地裁一四部の部総括でいらした松本時夫先生に相談に上がり、「東京地裁として太鼓判を押せる陪席を紹介しましょう」とおっしゃって、竹崎博允先生を派遣してくださいました。その後、大学院も含めて、安廣文夫先生、山室恵先生、伊藤納先生、大谷直人先生、合田悦三先生等の裁判官に、また検察からも、長野哲生先生、安達敏男先生、吉田博視先生にご講義いただきました。さらに、演習という形で、研究室で一年先輩の、笠井治弁護士、佐藤博史弁護士が刑事訴訟法を講じてくださいました。私が刑事訴訟法を講義し始めて三〇年位は経つのですが、実務家が主で、私が講義したのは、その合間という感じです。去年の末には、刑事訴訟法の教科書（池田修・前田雅英『刑事訴訟法講義』東京大学出版会）も五版を出版したのですが、『刑事訴訟法講義』の作成にあたっては、池田修先生が「部総括」で、私は左陪席という感じです。そして池田先生には、右陪席の仕事もしていただきました。

今の教科書類で、初版が昭和の時代に出たものは少数派になってしまったかも知れません。東京大学出版会とは、教科書だけでも三〇年近い付き合いになるわけです。学者は、出版社と二人三脚なんですね。学者だけでは、研究は成り立たない。研究は、「研究書」を書くことによって、大きくなり、完成するのです。

判例研究の意味

その後、いろいろな出版社の方にお世話になりました。弘文堂、有斐閣、日本評論社、立花書房、最近は東京法令出版ですね。皆さんの力で、私の今があると、本当に思っています。

特に、弘文堂にお世話になった『刑法重要判例二五〇』というのも、第一〇版になります。その後の研究のスタイルを大きく変えることになりました。刑事の重要判例は、常に、一通りは目を通す習慣ができました。判例のデータベースが出始めた時期で、私は初期から判例データベースの「ヘビーユーザー」でした。同書は、ある意味で無茶な企画でした。実質的には、藤木英雄先生がはじめられた『判例百選』を見ていて、「一人で書いた方が、一貫した説明ができるだろう」と思ったのですね。非常に思い上がった発想ですが。総各合わせれば二〇〇ということになりますが、講義をしていると、「もうちょっと多いほうがよいだろう」と感じて二五〇にし、一九九六年に出版いたしました。ただこれは、『可罰的違法性論の研究』とは別の意味で、大変な作業でした。一年で二五〇本も書くんですから。それは遠泳しているみたいな気分でした。「五〇本書けた」「一〇〇本書けた」、「でもなかなか向こう岸が見えてこない」という感じですね。

そして、私の研究の方向性に影響を与えたものとして、『条解刑法』(弘文堂、初版二〇〇二年)を担当させていただいたことが、大きかったと思います。その後の研究スタイルを、一層「日本の判例中心」に規定していきました。お話をくださったのは、松本時夫先生ですが、編集作業は池田修先生が中心で、より具体的作業は、池田先生と大谷直人先生、そして検事の論客の渡邉一弘先生、河村博先生が担当されたのです。執筆をお願いした方も、まさに錚々たる方々でした。その時に、やっぱり、判例とはなんたる存在であるか、ということを嫌というほど勉強させられました。「学説」に関する記述を加えようとしても、ほとんどは削られたのです。弘文堂の編集室での、先生方の長時間に及ぶ議論は、「学説」の存在価値を思い知る場でした。また、形だけではありますが「編集代表」として、原稿段階からすべての部分に目を通し、原稿をご執筆くださった多くの実務法曹の皆さんの力量と、具体的な事実を踏まえた法的判断の重みを、まさに肌で感じることができました。そして、刑事法学全体が、完全にその方向で動いたと考えています。現在の解釈論の変化は、法科大学院と裁判員裁判の導入による面が大きいのですが、それらはきっかけに過ぎなかったのかも知れません。

その他、実務家、具体的には、検事、裁判官、事務官、とりわけ警察官の方にはかなり講義の機会をいただくようになったのです。そのために、抽象的でわかりにくい議論は避けなければならないという傾向が強まりました。すぐに、「外国の話など聞きたくない。我々は、日本の問題を解決しなければならないのだ」、「そんな架空の議論、何の役に立つのだ」という反応が返ってきます。「役に立たないこともするのが学者なのです」という反論はあるのですが、講義する以上、聞いてもらえなければダメなのです。外国の議論も大切なのですが、現実の日本の課題に結びつく形で説明する必要がありました。昨年(二〇一四)そのような講義録を『ハンドブック刑事法』という本にまとめ、東京法令から出版しました。このような一連の仕事をさせていただいてきたことにより、「今」があるということなんですね。

「真理」は動くものである——儚いもの?

実質的犯罪論の根底にあるもの、別の言い方をすると、なぜ実質的犯罪論が出てきたのか、ということなのですが、一番重要なのは、「真理は動くものである」、「理論は儚いものである」と考えるようになったということです。「万事塞翁馬」について、既に触れましたが、刑法の解釈を長く続けるうちに、方丈記の「ゆく川の流れは絶えずして、しかももとの水にあらず。よどみにうかぶうたかたは、かつ消えかつ結びて、久しくとどまりたるためしなし」ということを、実感するようになってきたことが、実質的犯罪論にとっては決定的に重要です。

最も単純に言えば、刑法理論は、新しい事件、そして判例の登場により常に動いてきたのです。さらに、その前提となっている「犯罪現象」も、まさに動いていると実感します。そして、その動きは、とても予想などできないものなのです。犯罪統計数値などもそうですが、グラフにすると、必ず変化していきます。毎年、犯罪はかなりの数で起こっていますが、必ず変化しています。もとの流れとは違う、事件ごとに見れば、すべて全く新しい新規の事件なのです。時間が違えば同じものなどないのです。ただ、犯罪の発生は、前の年とそう大きくは違いません。全犯罪に着目すれば、グラフは変化するにせよ、なめらかに変わるのです。まさに川の流れのように。そこには「この川の流れ」という一つのものがあるようにも見えるのです。そこに、観音様とか仏様でもいいんですが、仏教の世界でいうように、いろいろな形を採ってこの世に顕れる。でも、根本の観音様は「一つ」なのです。

「同じなのか、違うのか」と、「表面の変化」と「根源にある本質」ということに関し、「もとの流れにあらず」と感じたのは、先ほどの「写真」(四七頁) なのです。ある時期から、葬儀に参列することが増えました。お葬式に行くと、どうしても、長時間遺影を拝見します。そして、特にこの頃それを見ながら考えるのは、「では私の葬式の時に、どの写真を使うのだろうか」ということです。「いい写真を残しておかなきゃいけないな」と。「この頃の写真機は性能が悪くって、私の髪の毛を写せなくなっているから」と、そんなことばかり考えていたんです。写真によってかなり差が出ます。先ほども触れましたが「真実に一番近い写真」とは、どれなのでしょうか。自分のこととして考えてしまいます。もちろん、今の写真が、今の自分を最も正確に表しているといって、ほぼ間違いないのですが、葬式で「前田雅英の写真」というとどれが最も相応しいのだろうか……。そして、個々の写真を離れた実体としての「前田雅英」がある……。

そうすると、法解釈論でも「どれが正しい」のか、といってみても、やはり動きつつあるものをトータルとしてどう把握するかが問題となる。ただ、その時点時点での「正しいもの」は、ありうるのだと思いますが。刑法の一番根本にあるとされる「応報刑か目的刑か」という点も、刑罰予告の段階でどう考えるか、裁判時でどう考えるか、裁判が決まって刑が執行される段階で、行刑の刑務所の中でどう考えるか、全部違うと思うんですね。違っていいんだと思います。実質的犯罪論の主たる舞台は、「犯罪論」つまり「犯罪の成否」の判断の局面で、そこのところを考えていくということになります。法が進化すれば、教育刑に至るという議論もありました。私が学生の頃は、そのような考えが強かったように思います。歴史の発展法則からいけば、応報刑は消え去るべき保守的な発想である。しかし、四〇年経ってもそうなっていないのですね。

法解釈論とは「よどみにうかぶうたかた」であり「かつ消えかつ結びて、久しくとどまりたるためしなし」ということを感じるのです。学説についても、「人の住まひは、世世をへてつきせぬものなれど、これを、まことかとたづぬれば、昔ありし家はまれなり」という比喩に近いものを感じます。「理論とは永遠である……」とはとても思えないのです。

行為無価値論を採用しなければ社会は静止する？

私が助手になるときにとても気になっていた議論があります。ある意味で研究室に入る動機の一つだったのですが、あの頃、「社会が複雑化すれば行為無価値的になる」とか、「社会的相当性論が理論的に正しい」という議論が有力でした。ヴェルツェルというドイツの学者の議論を輸入して、「違法性の本質は行為無価値である」と主張する学説が有力だったのです。違法性の本質を、法益を害する結果から説明する「結果無価値論」は誤りで、違法性を法益侵害結果ではなく、行為の態様の反倫理性や、主観面に求める「行為無価値論」が正しいと主張されていました。

ヴェルツェルは、社会が複雑化すれば日常生活において一切の法益侵害を伴わないで暮らすことは不可能であり、法益侵害、すなわち結果無価値を違法だとすると社会が停止してしまうというようなことを言ったのです。一九七〇年代までは、かなり「受けた」議論でした。

その説明の中で十九世紀の判例がよく引用されました。結果無価値論では世の中が止まる、その理由として、現にドイツでは鉄道営業を違法だとした判例があると……。

「ミュンヘンの控訴院におきましては、鉄道事業それ自体が生命、身体に対する危険をはらんでいるから違法であるとする判決があったそうでございますが、もし、今日、鉄道事業が禁止され、鉄道がとまってしまうということになりますと、われわれの社会生活がたちどころに麻痺してしまうことはすぐわかることでございます。」とされたのです。（福田平「過失犯の構造について」『司法研修所論集一九七二』一二三頁。さらに、藤木英雄『過失犯の理論』有信堂、一九六九年、五六頁）

ところが、この判例について日本の文献には判例番号（判例の年月日と判例集番号）は書いてないんですね。それが引用する、ヴェルツェルの文献にも出てこない。ヘルムート・マイヤーの教科書のページが引用してあるだけです。そこで、マイヤーの教科書を見ると、初めてその判例番号が出てくるのです。この「ミュンヘンの控訴院の一八六一年の判例」というのは非常に有名で、よく引用されます。そして「もし、今日、鉄道事業が禁止され、鉄道がとまってしまうということになりますと、われわれの社会生活がたちどころに麻痺してしまうことはすぐわかることでございます」と言うわけです。だから結果無価値論は誤っている。

しかし、こんな有名な判例の本物は、当時、日本の学者は読んでいなかったと思うのです。私は、『可罰的違法性論の研究』に書くため、助手時代に読みました。東大の研究室図書館の隅の隅にあった判例集です。埃の付き方からいって、誰も判例集のあの部分は開いてはいないと思います。あれは、実は民事判例なのです。しかも、鉄道事故で火事が生じたら、損害賠償はしなければいけないけれども、鉄道営業は差し止めないという判例でした。「走らせていい」と書いてあるんです。たしかに損害賠償を命じる前提として「違法」という言葉を使いました。しかし結論としては、鉄道営業の差し止めを否定したものでした。鉄道は止まらなかった。その当時のドイツであっても、鉄道を止めたら大変なことになるのです。もちろん、ドイツにおいては、鉄道会社は火災発生による損害が、被害者の過失・予防し得ない外部的事態によって生じたることの証明がない限りに賠償責任を負うという規定は存在しました。鉄道事業者は、「そんな厳しい過失責任を問われたら鉄道営業はやっていけない」と主張することはあるでしょう。しかし、判例は、損害賠償は認めつつ、鉄道の運行も維持させたのです。「鉄道事業それ自体が生命、身体に対する危険をはらんでいるから違法であるとする判決があった」が、「今日、鉄道事業が禁止され、鉄道がとまってしまうということになりますと、われわれの社会生活がたちどころに麻痺してしまう」とすることは、完全な嘘ではないにせよ、議論の部分的なすり替えがあると感じたのです。少なくとも、この判決があったから、「理論的に行為無価値論が正しい」ということにはなりません。

行為無価値論と結果無価値論の対立の意味

そもそも、旧来の「結果無価値論」として批判された説も、「何らかの法益侵害（害悪の発生）を全部処罰する」と言った訳ではありませんでした。法益侵害があっても、より大きな、害悪に優越するような利益があれば処罰しないし、そもそも犯罪の構成要件に該当する重大な法益侵害、処罰に値する法益侵害だけを処罰するのです。

ただ、前述のような形で行為無価値論というものが説明されてきたことは、客観的事実です。なぜ行為無価値論が出てくるかと言うと、「結果無価値では説明できない、結果無価値以外の説明原理で違法の範囲を限定しなければいけないからだ」という論理なのですが、別の立場でも、結果無価値の量の問題とか、それから利益衝突の問題を入れれば、問題解決はできるんですね。問題は、衝突する利益のどちらをどれだけ重視するかだったのです。

ヴェルツェル等が言いたかったのは、一九三〇年代の時代思潮も勘案すれば、やはり社会倫理的に認められたかどうかが違法性にとって重要なんだということなんですね。そのこと自体が間違えているなどと申し上げるつもりはないのです。ただ、「結果無価値論を採用すると、汽車の運行ができなくなるので社会は停止してしまうから、行為無価値論が正しい」といわんばかりの論証に、強い違和感があったのです。

そして、違法性というのを行為無価値中心に考えるか、結果無価値中心に考えるかという議論だったものが、次第に、「行為無価値型の犯罪論」と「結果無価値型の犯罪論」という広い領域での対立軸として使われるようになります。結果無価値を重視する犯罪論というのは、客観的に生じた結果の側面を重視し、犯罪全体の中では、主観的な色彩の強い責任よりも客観的な違法性を中心に考える刑法理論ともいえるわけです。生じた結果中心に考える。それに対して行為無価値刑法というのは、責任重視の刑法理論ということになるのだと思います。その人の内面、主観、責任非難を中心に考えていく。たしかに団藤先生の刑法は、どちらかといえば責任が中心です。違法ではなくて責任が中心です。ただもちろん団藤先生にしろ平野先生にしろ、それを極端に進めてどちらかでいいなんていうことは絶対におっしゃらない。違法と責任ももちろん必要ですが、要はそのバランスなのです。どっちに重きがあるかということなんですね。その微妙な重み付けの差が、具体的な解釈論にとっては決定的なのです。

未遂論にせよ、どこまでの行為を未遂として処罰するかというときに、「行為無価値論が正しいからこの程度の危険性でも未遂になる」と説明したりする。正当防衛論の場合でも、「違法性の判断において行為無価値を考慮しなければならないから、侵害行為と反撃行為の法益侵害の危険性に関係なく、行為態様で相当性は判断される」とすることがあります。しかし、行為無価値が考慮されなければならない論拠が、「そうしなければ、列車が止まり社会が停止するからだ」というのでは、説明にならないということなのです。というより、未遂の妥当な処罰範囲、正当防衛の成立範囲から、逆に、「現時点では行為無価値を考慮すべきである」という「結論」が出てくるのだと思うのです。

新過失論と戦後の高度経済成長

このことが最もわかりやすく理解できるのは過失論です。戦後の日本では、過失の成否について結果を重視すると、結果の予見ができた以上過失責任が認められすぎて妥当ではないとされました。そして、結果の予見可能性を中心に過失を考える立場を旧過失論と呼んで批判したのです。結果が起こっても、「やるべきことをやっていたら処罰すべきではない」「結果回避のための措置を十分やっていたら、結果が予見できても、処罰すべきでない」という新過失論が有力化したのです。「道路交通に関する法規をきちんと守っていれば、事故が起こっても刑事過失は問うべきでない」という形で、戦後の日本社会の中に浸透していきました。

民事の判例でも、「排煙等に過度のコストを掛けていたら工場経営は成り立たない」「企業経営が成り立つ範囲で、結果防止措置は採ればよい」という、新過失論的説明が有力になりました。ここで、「社会が進化すれば、行為無価値論と結びついた新過失論に必然的にいたる」という感じの議論が、出てくるのです。「あらゆる法益侵害を違法だとしてしまったら、社会は止まってしまう」。「交通事故にすべて刑事責任を問うていたら社会は停止する」。

この議論は、歴史的必然でも何でもありません。社会の発展、とりわけ経済の発展には、一定の犠牲は甘受すべきと考えるのか、人が死んだような事態である以上、結果予見可能性のあった人には刑罰を科すべきなのかという法益衡量なのです（もちろん、結果がどれだけ重大か、その発生の蓋然性の程度、その予見の容易性、結果回避措置の尽くし方などすべてが衡量されるのですが）。ですから、現在でも、「安い電力を安定的に供給するためには、安全基準を満たした原発の再運転を認める」という主張に対し、「事故が起これぱあれだけ重大な結果が起こる以上、すべて廃炉にすべきだ」という議論があるのです。決して、「行為無価値論が正しいから理論的に新過失論が出てくる」というものではないのです。

新過失論と結びついた議論として「許された危険の法理」というのがあります。一番わかりやすいのは、ダムの建設や鉱山の現場などでは、必ず犠牲者が生じるという話です。ダムには「碑」が立っていますよね。何人もの亡くなられた方の名が刻まれたものが。「人が死んでいけないんなら、ダム造れませんよね。ただ、ダム造らなくていいんですか」。これが「許された危険論」の考え方です。新過失論の土台なのです。

公害現象と価値観の反転

新過失論が歴史の発展により必然的に生じるものでないことは、有名な森永ヒ素ミルク事件に対する裁判所の態度に明確に表れています。昭和三〇年代に登場した第一審判決は、「砒素を含む材料を森永に納入した薬問屋を『信頼』して良いのであり、いちいち毒が入っているかチェックしていたら、食品製造業者として経営が成り立たない」として、森永の過失責任を否定しました。まさに新過失論となったのです。ところが、高裁では「乳児が口にするミルクの製造においては、安全に万全を期すべきで、納入された薬剤をチェックしなかった森永には過失がある」としました。「砒素が入った材料を納入するなんて、全く予想外で、予見不可能だ」という主張に対しては、「乳児が口にする以上、発注したものと異なるものが入っているか不安をかんじるはずで、その不安感を払拭する措置が必要だ」としたのです（不安感説）。

このように、大きく判断が変わった背景には、水俣病やイタイイタイ病に代表される公害事犯の多発などにより、「人の命は、企業の発展より優先する」という価値観が優越するようになったということがあると思います。戦後前半期の新過失論の中核には、「経済成長の肯定的評価」がありました。結論を動かしているのは、過失の構造論というよりは、価値判断なのです。そして高度成長期が終わると、逆流がはじまる。藤木先生も、新過失論に代えて、不安感説を主張されるようになるのです。

戦後の犯罪率のグラフでいう戦後前半期の日本社会、高度経済成長期の議論は、社会の発展のためには一定の危険があってもいいとして新過失論に結びついたように思います。ただ、高度経済成長が終わって安定成長期に入って、公害事件が起こって、「人の命は地球よりも重い」というようなことになってくる。本当に大雑把に言えばそういうことになると思います。

ただ、その価値判断の波は、事象によって微妙に動きが異なるのです。公害関係は、大きく反転したのですが、医療の世界は微妙です。今の高崎や千葉の腹腔鏡手術の事件の評価も、このような流れと繋がっています。一九世紀から、新過失論を導く上で最もよく出てくるのは、ドイツにおけるお医者さんの話だったんですよね。「医者は手術をするので、メスを使う。助けるためにやっているんだから、死んだってやむを得ないじゃないか。手術は失敗することを恐れていたらできない……」という議論。許された危険論の中核部分なのです。でも、公害が問題にされるような時代になっても、医師の過失を厳しく問う動きは、なかったわけではないにせよ、それほど強くないのではないでしょうか。

II

法理論から結論は導けない――法解釈とは価値判断である

これまでお話ししましたように、「法理論は価値観の変化に応じて動いていく」ということを、扱ったすべての問題で感じてきました。法理論は動いていく。その中に方向性を見出したり、その動きの原因を分析したり、さらに動きの法則性を検討することを否定する必要はありません。また、今そう動いていることに問題があればそれを直していくべきだと主張することも、解釈としては、許されるし、必要なことなのだと思います。ただ、「問題がある」とする根拠が重要なのですね。こっちの方向で行くのが理論的に正しいと何故いえるのかなのです。

法理論から「結論」は導けない。大学に入った頃は学生紛争の時代で、厳密な意味ではないのですが、「マルクス主義」というものが、すべての問題を支配していました。法律学でも「マルクス主義法学」というのが存在しました（今だって残ってはいると思うのですが）。ここで、経済学としてのマルクス主義の当否はもとより、社会科学一般におけるマルクス主義について論じるつもりはありません。ただ、四〇年前から比べて、マルクス主義は圧倒的に影響力が弱くなった。正しい理想の社会に向けて運動していくという議論は、ベルリンの壁の崩壊前から弱まっていたと思います。ソ連、中国、北朝鮮の状況が報道され、共産主義社会が理想だという人が本当に少なくなった。そして、それ以上に、正しい真理・原理から、演繹的に「答え」が出てくるという考え方が、正面から否定されることはないものの、力を失っていったように思います。

法律の世界では、問題の「解答」「結論」がわからないから、理論にそれを求めたのです。解釈論とは、理論に事実をあてはめて答えを導く。価値判断で答えが決まったら、判断者の恣意性を許すことになるので、価値判断とは切り離された客観的理論が重要であると考えてきました。特に罪刑法定主義の妥当する刑法においては。しかし、このような発想は、完全に間違いではないのですが、大きな穴が空いているのです。つまり、「『理論』は、誰がどうやって決めるのか」。

もちろん、その正しさを求めるために、刑法学が存在してきたわけです。しかし、自然科学とは異なり、法律学においては、「客観的に正しい理論」というのは、決められなくなってきていたのです。戦後の、法哲学の世界でも「価値相対主義」が優勢でした。

「刑罰謙抑主義は、刑法学上動かしがたい大前提である」「行為無価値論が正しい」。これらはいずれも、理論から答えが出てくるという発想です。少なくとも「方向性が決まる」と。ただ、冷戦構造が崩壊しベルリンの壁が壊され、ソ連が解体する中で、「正しい方向が必ずあって、それを見つけて、そうやってみるとうまく行く」とは、あまり考えなくなったように思います。社会主義、共産主義がダメになったので、資本主義が正しい、ということになったわけでもない。欧米諸国も、いろいろな壁にぶち当たり難渋しています。

理論を動かす価値の波動の最も大きな源は、近代以降の日本の場合は、明治維新と第二次世界大戦だったと思います。明治以降、西欧の真似をせざるを得なかったことが、法理論を規定しました。もちろん、江戸時代までの、日本の儒学者の特殊性などの影響もあり、学者は西欧文化の輸入業者となったのです。簡単に言うと、「ドイツの理論に照らして、日本の判例は間違っている」としてきたのです。もう一つの地殻変動は、「第二次世界大戦の惨禍」です。そして憲法が転換し、戦後の法学の価値判断の土台を形成しました。理論で社会は動くことはないのです。社会の動きが理論をつくる。しかし、戦後の日本では、西欧近代型の民主主義が価値の源泉でした。

死刑廃止論と表現の自由

これまでの研究生活を振り返って思うのは、法解釈のなかで圧倒的に重要なのは、「抽象的理論」ではなく、「事実」だということです。そして、その事実の根本には、先ほど触れた犯罪状況の変化等が当然あります。

死刑に関連して、最高裁は、昭和四八年四月四日に、尊属殺を一般の殺人に比して非常に重く処罰する規定を、憲法に反するとしました。労働事件などでは、処罰化の方向に舵を切った時期でしたので、その意味では逆の方向性を示したともいえるでしょう。ただ、誤解してはいけないのは、判決の骨格の部分は、「尊属殺の法定刑では、どう減刑しようと執行猶予がつけられないので、残酷な刑罰だから違憲だ」としたのです。父親から長年にわたり激しい暴行を受け、性的関係も強要されて出産した少女が、他の男性と結婚しようとしたところ、さらに激しい暴虐行為が加えられ、それに耐えきれずに殺害した事案でした。最高裁の多数意見は、「親殺しを重く処罰するのは法の下の平等に反する」等と言ったのではありません。尊属殺規定の法定刑の下限の「無期」は、二回の減刑では、つまり半分の半分にしても執行猶予がつかないことが問題とされたのです。

逆に「上限」としての死刑を言い渡すべきか否かも、具体的事案を前提に、最後は国民の規範意識に則って判断されざるを得ません。そして、日本では、犯罪が減少した時期には、死刑の割合は減り、治安が悪化すれば増えるという関係にあるのです。

理念論として死刑は廃止が正しいという学説もあります。ドイツやフランスではそういう議論が強いですね。「死刑を残している野蛮な日本になど行きたくない」と平気で言うドイツの学者もいるそうです。メルケル首相も、中国やアメリカの死刑執行に文句をいったりしていました。でも、どこの国も、この点に関しては、動じない。当たり前です。死刑を残すかどうかはその国の「文化」の問題ですから。それを一方的に「理論として、こうである」と言うことは無意味です。もちろん、死刑廃止論を全面的に否定するつもりはないのですが、「理論的に死刑は存立し得ない」とか「歴史が進化すれば必ずなくなる」という議論も根拠はないのです。そのような価値判断は、全原発を即時に廃炉にすべきだという主張と同じように、十分説得性のあるものだと思います。ただ、それが正しいと「客観的」に決まるものではない。国民の支持が得られたときに決まるのです。

憲法学説の中には「表現の自由は絶対である」とするものが多いようです。他の憲法上の権利とは質的に異なる、民主国家の存立そのものに関わるもので、一切の制限は許されないとするものです。フランスでも「イスラムの神様を冒瀆する漫画を書いた新聞社」をイスラム教徒が襲って、社員を殺害した事件で、大変な抗議活動が為されました。もちろん、言論に対して、テロ行為は絶対に許されません。ただ、「表現活動なんだからあの程度の風刺画は違法ではない」と言い切れるのでしょうか。フランス人の大多数はそう考えたでしょうが、イスラム教徒にとっては、違うと思います。イスラム国家で、あのような風刺画の掲載を、「犯罪」として規定し処罰することは許される、というより当然なのだと思います。「イスラムは、法的教養が低いから。いずれ表現の自由が理解されれば、神を冒瀆しても目くじら立てなくなる」と考えるのだとすれば、それは「西欧型中華思想」なのだと思います。

ただ、表現の自由の議論は、動いていくと思います。日本における韓国系の方に対する「ヘイトスピーチ」の問題について、国連の側で、日本政府に向かって「ヘイトスピーチを止めさせないのは、けしからん」と言ってきたようです。ヘイトスピーチだって、表現活動ではないですか。表現活動だけだったら何をやってもよいはずで、何故ヘイトスピーチはいけないんですか。ということになるはずなのです。何故ヘイトスピーチはダメだと言えるのでしょうか。国連が言ってきたからなのでしょうか。イスラム教の風刺画問題に関しては、日本のマスコミなどは、少しスタンスが違ったように見えます。「どこまでイスラムの人が神様を冒瀆されて、痛みを感じるか、わかって言っているんだろうか」。それは、アメリカのソニーが北朝鮮の国家元首を侮辱するような映画を作った問題についてもあてはまると思います。日本の天皇陛下について、同じような映画を作ったら如何するのでしょうか。もちろん天皇制について、考え方がいろいろあるでしょうから、答えが一つになるとは思いませんが、「映画ぐらいで騒ぎ立てる北朝鮮は、表現活動に関する法的理解が遅れている」ということでよいのでしょうか。

法解釈は価値判断を隠す手品である

私は、法解釈は、その問題についての解釈者の価値判断を隠す「手品」のようなものだと思うのです。

もちろん、裸の価値判断をぶつけ合って、「俺は、処罰範囲が広いほうがいい」、「狭いほうがいい」と言いあっても意味がありません。「論争の土俵」としての「理論的説明」の説得性の強さが必要だというのは、もちろん前提にしたうえで、「理論」を立てて、そこから演繹的に答えを出すというのは、常に眉につばしておかなければいけないということを言いたいのです。

いまどきテレビでも映してくれないでしょうけれど、シルクハットの中から鳩を出す、ウサギを出すという手品を見たことがある方は多いでしょう。ただ、なぜ鳩が出るんですか、なぜウサギが出るんですか。答えははっきりしているのです。鳩とウサギを入れてあるからなんですよ。入れてある鳩とウサギをもっともらしく、あたかも空気の中から出たように見せる技術が手品です。解釈論もそういうところがあります。ただ、大事なのは、「ネタを仕込むところを見せない」ということ以上に、みんなに「そうだよね」と思わせることなのです。「納得させる」ということです。「こういう例があります。だったら、これと比較して似たようなものはこうですね」というのが解釈論の基本型なのです。

この点に関して、「栗煎餅と鳩サブレー」という話を、講義・講演の中で非常によく使ってきました。永六輔氏が司会のラジオ番組を聞いていたら、「栗煎餅を売ってくれない」と言って怒っている。「お上が、売ってはいけないというのだそうです。理由を聞くと、栗煎餅と名乗りながら栗が入っていないからだと言うんです。栗が入っていない栗煎餅は売っちゃいけないと」。冷静に考えると、消費者のチェックもうるさい時代ですから、そんなにおかしなことは言っていないんですけれど、永六輔氏は、「あんなに庶民に定着したおいしいお菓子を、何で売っちゃいけないのか」と相当怒っている。そして、「栗が入っていない栗煎餅を売っちゃいけないんならですよ、なんで鳩サブレーを売っていいんですか。鳩サブレーにハトは入っていないでしょう」と言ったのです。思わず笑ってしまいました。

このような説明は、面白いですよね。それ以上に、かなりの説得性があります。なるほどって思ってしまう。「うぐいす餅にウグイスが入っているのか。瓦煎餅に瓦が入っているのか。ブルドッグソースにブルドッグが入っているのか」というようにたたみかけるのです。「栗の入っていない栗煎餅も販売を認めるべきである」という結論に賛成させる「説得の論理」としては、うまいのかも知れません。ただ、「鳩サブレーにハトが入っている」と思う人はいません。しかし、「栗煎餅に栗が入っている」と思う人は、かなりいる。私が子供の頃はそう思う人はほとんどいなかったと思うのですが、平成に入れば、変わってきているでしょう。たしかに「商品名に冠しているものが、食品の中に入っていない」というだけで商品を売ってはいけないとすることは無理です。しかし、「鳩サブレーがよいのなら、栗煎餅もよいはずだ」という理論は困るのです。ただ、解釈論の中には、これに似たものがかなりあります。

解釈論にとって、「言い負かす」ということは、絶対的なことではないのです。冷静に、諸事情を比較衡量して最も妥当な結論を導ける力が何よりも重要です。いまの日本の状況のなかで、栗煎餅を売っていいかどうか、ということですよね。栗だから買おうと思っている人が大勢いるなかで、栗が入っていないのを栗煎餅だと言って詐欺に近いものと評価できるのであれば、それはいけないということになるのだと思います。このような、「鳩サブレー型解釈論」は、実は最もまずいものなのです。先ほどの、「結果だけで考えると鉄道運行そのものが停止させられてしまう。そうすると社会も停止する。だから、行為無価値も考慮しなければならない」というのも、まさにこの型の解釈論です。「結果無価値を重視すると、汽車の火災事故は違法だという判例があるのだから、社会は停止してしまう」という議論は、鳩サブレー論と似た面があったのです。汽車の運行が完全に停止させられれば、たしかに困ります。しかし、問題は、事故が起こったときにどの程度厳しく鉄道会社に損害賠償を命じるかという衡量にあります。

サブレーにハトやカモが入っていると思う人は、少なくとも現在の日本では、いないでしょう。しかしそのことから「栗煎餅や栗饅頭には栗が入っていなくても良い」という結論を導くのは問題だということです。栗の入っていない栗煎餅を、現時点で売っていいのか悪いのかを判断する力が重要なのです。抽象的に言えば、国民の常識を見つける力のある人が、優れた法律家です。それに対して、最もまずい法律家は、理屈で常識をねじ曲げることのできる人、さらにまずいのは、意図的に大衆を騙して一定の方向に煽る人なのです。

マスコミや政治家にしばしば見られるのですが、「嘘ではないこと」を繋ぎ合わせ組み合わせることにより「完全な嘘」を作り上げることが、最もまずいことなのです。「灰色を少しずつ濃くして、白に近いものを黒にしてしまう」という解釈論は最も唾棄すべきものです。しかし、世の中で「優れた法曹」といわれる人の中には、「いずれの結論でも、それを得られるように相手を論破できます」というタイプの人を見かけます。もちろん、事実をねじ曲げることは論外ですが、そうではなくても、「法律家の能力」として、ディベートに勝つことを過大視することは危険です。

もちろん、「国民の多くが納得する『落としどころ』」は、裁判などの場で、当事者双方が必死で争う中で見えてくる面があることは否定できないのですが。

「どちらが正しいのか」と言ったとき、「問」まで雲散する

そして、どんな問題でも、「絶対的に正しいものと絶対的に正しくないものとがある」などということは、あり得ません。客観主義か主観主義かとか、行為無価値か結果無価値かだとか、二者択一の問題設定は、現実の問題ではあり得ません。マスコミの世界では、「〇」か「×」かにされてしまうことが多々ありますが。もちろん、議論を整理して答えを導くプロセスとしては、方向性を示すという意味ではいいのですが、法的に問題を処理するときには、どちらの方向にも、徹底すると解決は得られない。学部生の頃、教養学部

の教室の窓ガラスに「『要するに』という問はそれまでの議論を全て消し去る」という古いいたずら書きが残っていたのですが、妙に良く覚えています。たしかに、そうなんだと思うのです。

法律の議論は、結論にいたるまでのプロセスが重要です。相異なる立場を調和させるとは、もちろん、足して二で割るということではありません。合理性の割合に応じて案分比例させることでもありません。両者の納得を得るプロセスそのものが大切なのです。そもそも、両者の完全な納得などはあり得ないわけで、いかに両者の不満を「我慢しうる範囲に収めるか」が重要なのです。しかも、それは「静的」ではなく、「動的」な構造です。「両者の主張を最大限に活かす調和点を求めて動いていく軌跡」そのものが、法的解決なのです。「一時点」ではなく、「連続した時間」の評価が必要です。そのような意味での「調和を求める作業」こそが、法解釈の精髄なのだと思います。バランス感覚というのが、法律の世界で一番大事なものだとされることが多いですが、まさにその通りだと思います。それは、継続的に機能することが重要です。そして、バランスを取るときに重要なポイントは、土台、土俵自体が動いていくということ。永遠に正しいバランスの取り方などありません。常に動くのです。

先ほど触れた、「表現の自由をどこまで尊重するか」もバランスの問題なのです。イスラム教の神を冒瀆するような風刺画は、イスラム社会で許容されるはずはありません。そのような風刺画を描いた人を殺害することがフランスにおいて犯罪であると同様に、イスラム教徒の世界では、風刺画を描くことは違法なのです。「表現の自由の絶対性」を説く憲法の先生と話をしていたことを思い出します。私は、「如何に重要な権利でも、他者を傷つける場合には必ず制限があるはずだ」と思ってきました。もちろん、そのようなことを意識した上で、表現の自由の果たす役割の重要性から、あえて「絶対である」という言い方をしているのだということもわかるのですが、憲法学者も次第に変化してきているように思えるのです。都立大の関係では石川健治先生と宍戸常寿先生では、表現の自由と言ってもだいぶ捉え方が違うし、その二人と、その前の針生誠吉先生の時代というのは、また違います。もちろん、それで時代の流れが全部読み取れるということではないのですが、いずれにしても動いていくのだと思いますね。

そして、襲われた新聞社の掲載した風刺画に対し「ひどすぎる」と言う声が聞こえるようになってきたり、国連が日本のヘイトスピーチを制限すべきだと言ってきたりすることを見ていると、「表現の自由を絶対的に堅持すること」は妥当ではないということになり得るのだと思うのです。

そのときに、二つの対立するものの間で、どういうものをどういう形で調和点を求めていくか、こそが一番大事なところで、その事実が、法律にとって一番本質的なんだと思います。これは、後でお話ししたいと思います。

「場」が変われば答えも変わる——刑罰論の変化

刑罰の本質論、つまり犯罪を犯した者に応報を加えるという刑罰論と、犯罪者を教育して犯罪を犯さないようにさせるという教育刑論（さらに目的刑論には、一般予防論もありますが）を見れば明らかなのですが、問題になっている「場」、局面で、議論の様相はがらりと変わってくるのです。「二者択一論」との関連で言えば、あらゆる局面に妥当する○×を問題にすること自体、ナンセンスです。「新しい犯罪行為を処罰の対象にしよう」と言うような立法を問題とする段階と、刑法を適用する裁判の場、犯罪を犯した者に刑罰を加える行刑の場とでは、自ずと違ってきます。だから、戦後の刑法解釈の世界で「教育刑論は消えた」と言われるんですよね。「目的刑なんてナンセンスだ」と。戦後の社会は、戦前のようなひどいことにならないように、応報刑、罪刑法定主義が大事で、「改善更生などと言って、権力の側が、人をコントロールするとか、人を治すとか、教育するなどと考えてはいけない」という意見が強かったわけです。今でもそうかも知れない。しかし、行刑の世界は一貫して「教育刑」です。収容者を懲らしめるために刑務官がいるわけではなくて、社会復帰をさせるためにいるのです。そして、それはそんなに間違えているとは思わない。ただ、刑罰を言い渡すとき、それから、法律を作るときには、かなり一般予防ということも考えるし、応報も考える。そもそも、応報なのか、特別予防、一般予防という予防なのかという国民の意識も国によって違うし、そしてそれらのバランスは、時代によっても動いていく。そして、それぞれの場面でも、必ず応報刑と目的刑の両者は入り込んできます。その割合、というよりはその相互関連性が、局面によって異なるのです。

今の状況のなかで、どうバランスを取っていくか。問題は、「どの問題を解決しようとしているのか。そのなかでどういうバランスをとるか」ということなんだと思います。

解釈は考量である

法の世界では、「定められた基準にあてはまるか」というチェックが、最も重要な作業だと考えられがちです。刑法では、特にその傾向が強いといえます。解釈者の恣意性を封じるためには、当然だともいえるでしょう。「罪刑法定主義」というのはそのためにあるのだと……。

しかし、犯罪の類型にあてはまっても、正当化される場合があります。その場合には、「枠への該当性（あてはめ）」ではなく、様々な事情の衡量が問題となるのです。もちろん、「日本では、三五条、三六条、三七条という正当化事由の『枠』が用意されている。正当化・違法阻却の判断も該当性型判断である」という答えが予想されます。しかし、正当防衛はもとより、法令行為であろうと、違法性阻却の判断は、最終的には実質的考量が入り込まざるを得ないのです。法的根拠のある現行犯逮捕でも、問題となっている罪名や被疑者の態度などにより、正当化される有形力の程度は異なります。実質的違法性阻却と呼ぶか、超法規的違法阻却と呼ぶかはともかく、①正当な目的に向けられた、②相当な手段で、③必要性（緊急性）が有れば、④法益の考量により、正当化されるという判断は広く認められてきたものです。「比例原則」と呼ばれることもあります。少なくとも判例はこのような衡量を重視します。

実は、構成要件該当性判断も、このような考量型の判断を含んでいるのです。例えば、因果関係の有無も、行われた実行行為の危険性の程度と、介在事情の異常性の程度、介在事情の結果への寄与度などを考量して決定されています。さらにいえば、構成要件該当性判断は、「法的安定性」と「具体的妥当性」の衡量なのです。そして、法的安定性を重視するということは、考量型判断を、少なくとも構成要件該当性判断においては、限定しようとすることになります。しかし、具体的妥当性を一切無視した解釈はあり得ません。国によっても、その重視の程度は異なりますが、ドイツなどは、かなり形式的にあてはめをカチッと行います。

ここで注意しておかねばならないのは、「考量型の判断は難しいし、恣意的になる。だから該当性型の判断にすべき」という点を強調しすぎると、「ベッドの大きさに合わせて軀を切ってしまう」ということになりかねないのです。

異次元のものの比較

かつては、「労働者の権利を実現するためには、電車を何時間止めても正当化されるか」というような形で、現在以上に実質的違法性の判断が争われました。たしかに、「労働者の権利」と「電車の止まった時間」を比較衡量することは難しい。『可罰的違法性論の研究』を書いたときもそうですが、労働者の権利と、現にピケットによって怪我をさせられて一センチの傷を負った、憲法二八条の労働基本権とどっちが重いんですか、どう比較衡量するんですか、というような話が出てくるわけです。刑事訴訟法の解釈論でも同様です。しかし、「どこまでが相当か」という形の判断は、せざるを得ないのです。もちろん、それ以外の諸事情を総合して判断するのですが。その諸事情は、同じ数直線上に並んではいません。たとえて言えば、〈黄色＋六＋V〉と〈青色＋九＋A〉のいずれが重いんですか。こういう議論を、法律の世界では常にやっているわけですね。多元連立方程式と言ってもいいんですけれども……。

以前、「量刑に関する国民と裁判官についての研究」に参加した際（司法研究報告書五七輯一号）、非常に興味深いことに気がつきました。法律家と一般国民で、量刑判断に際して参考にする因子の数が、かなり異なるということなのです。国民は、「殺したのだから……」とか「被害者の態度に問題があるから……」という一個の特定の因子に強く影響されるのですが、裁判官は、多数の因子を総合して判断しています。殺害方法や前科、被害者遺族の感情なども全て包含して、刑の量を決定しているのです。その作業は、当然、同じ数直線上に並んだ「量」の「足し引き」ではない。次元の違うものの考量です。そして、その結果として、具体的事実を踏まえると非常に均質の結論が出てくるのです。法律家とは、「そのような意味での考量型判断ができる人」ということであるように思われます。

裁判員裁判の時代、なるべく「該当性型判断」に還元すべきであるという主張も考えられます。しかし、裁判員にも「考量型判断」に参加してもらうべきなのです。そのことにより、マスコミ主導の「○×判断」が少しでも修正されれば、素晴らしいことだと思います。

裁判員裁判を導入するために、最高裁に頼まれて、先ほど述べた量刑に関する調査研究（司法研究報告書）を行いました。その結果を見ると、裁判官は「科すべき刑の重さ」が一点に集中するのに対し、国民はばらつくのです。そのわけは、こういう複合したファクターのいくつかを、四つも五つもを、裁判官は考慮するからです。あのとき、たしか七六六人だったと思いますが、全刑事裁判官にテストをしました。一〇問の事例の結論（量刑）を判断してもらったんですね。それと国民一般の判断とがどう違うかというのを調べてみると、結論の平均値や中央値は、ほぼ同じでした、国民も裁判官も。だから、裁判官というのは国民の判断の中にあるぼんやりした結論的なものをズバッと言い当てる力を持った人だと思うのです。例外もありますが、裁判官はほぼ同じ結論となるのです。一〇問とも人を殺した事件ですが、裁判官は、前科があるか、親がどう反省しているか、嘆願書が出ているか、それらを総合して「〇年」だというように判断する。それらのファクターを総合すると、バラッキは減ってくるということです。今までの例からいって、だいたい、こういう場合はこうだと判断する力ですね。いろいろな訓練を受けているから出てくる経験値みたいなものです。ただ、最終的に決めているのは、国民の常識ということなんだと思います。

「あてはめ」もそうですが、法の世界の「衡量」の神髄は、「保守」であると思います。水谷三公先生に教えられて、福田恆存先生のものを随分勉強したのですが、イデオロギーとしての保守を言っているのではありません。思考様式としての「保守」といいましょうか。「自由も節度がなければ成り立たない」という言い方が、ある意味で一番わかりやすいと思うのですが、何でも形式的に決定するのではなく、バランスを取りながら決めていく。そしてやはり、知恵というのは、その意味では、過去に学ぶものがある。文化とは何か。価値というのは、やはり文化、伝統みたいなものと不可分には成り立たない。それをなるべくかなぐり捨てたいという人もいるわけですが、それ無しでは社会は成り立たない。殻のない蟹みたいになってしまいます。いずれにせよ、そのバランスなんだと思いますね。

疑わしきは被告人の利益に――刑事法の衡量の特殊性？

刑法では、有罪となるだけの証拠を揃えない限り、疑わしくても無罪となる。この点については争いがありません。それに対して民事では、和解という形を採るか否かは別にして、中間の「妥当な線」を求める面があります。刑罰という峻厳な制裁を科す以上、刑事法には特殊な議論が生じるのです。有罪の立証ができなかった以上、処罰の必要が認められないのだから、無罪にすれば問題ないように見えます。しかし、有罪に必要な「合理的な疑いを超える心証」には、かなりの確実さが必要ですが、百パーセントではありません。少しでも有罪に疑いが残れば無罪にしなければならないというわけではないのです。刑事裁判は、被告人が犯罪を犯したかどうかという過去の事実を証明しようというものですから、裁判官も、裁判員も、その場面を直接見聞きすることは不可能で、一切の推論や評価を排除して、完全な証明を要求すると、非常に不合理なことになってしまいます。証拠や証言で「犯罪を犯したことに間違いない」と判断することができる場合はあるはずです。裁判官・裁判員は、真っ黒なもののみを有罪にするのではなく、白と黒の中間の「灰色」の部分について、合理的に考えて有罪にしてよいか否かを判断するのです。その意味では、刑法、刑事訴訟法の世界でも、バイアスはかかっているものの、他の法領域と同様の「衡量」が必要です。

そして、「この程度灰色が濃ければ有罪にしてよい」という線は、最後は国民の意識に規定されるものですし、動くものだと思います。

「黒でなければならず灰色は全部無罪だ」と形式的に言ってしまったらどうなるか。埼玉の練炭殺人、島根の連続殺人事件、和歌山のヒ素カレー。すべて、直接証拠なしで、本人否認ですよね。しかし、死刑が最高裁でも認められています。確定です。「疑わしきは被告人の利益に」を徹底すれば、間違えた結論なのですか。しかし、そのような意味で「疑わしきは被告人の利益に」を貫徹していいのかという問題です。もちろんそうすべきだという学者、弁護士もいますが、「疑わしきは被告人の利益に」というのも、どの程度の「疑わしさ」まであれば有罪にするかということを決めていく必要があるのです。最後は、それは、国民が決めることなのですが、、それを国民に代わって判断するのが裁判官である、ということなんですね。

また、「政策の効果がわからないのなら、施策は講じるべきでない」という議論が刑事法ではよく見られます。その行為を処罰しても、そのような行為が減少するというエビデンス、実証的研究がない以上、処罰すべきでないという議論です。似たものとして、マリファナはタバコより害が少ないのだから、自己使用は処罰すべきでないという議論もありました。これも、一つの比較衡量論なのです。しかし、客観的エビデンスを即座に提示できなければ、ほとんどの国民が禁止すべきだと考え、その国民が選んだ議員が法律を作って処罰することはできないのでしょうか。

これは、結果が絶対起こらない場合に、未遂で処罰してよいのかという議論と通じます。そして、イギリスでは治安の悪化とともに、結果が起こらないような場合も未遂としたのです。というか結果が起こる可能性には様々な程度があり、どの程度までを処罰するかは、国民が決めるといわざるを得ないのだと思います。「とんでもない。侵害がない場合を処罰するなんて憲法に反する……」。しかしそもそも、侵害とは何か、どの程度までのものを含むのかは誰が決めるのでしょうか。

「刑法は立ち居振る舞いを教えるものではない」という議論がはやりました。これは、実害がなければ処罰しないという議論と、ほぼ重なります。それに加えて、「法は価値観の問題には踏む込むべきではない」という主張に拡がっていきます。戦後の価値相対主義の思潮に叶ったものでした。しかし、これも一つの価値的主張だということは認識しておくべきなのです。「同性間の結婚を認めるべきであるかないかは人によって考えが異なるのだから、ひとまず認めておきましょう」ということを、常に認めなければいけないのでしょうか。この、価値・倫理の問題は、刑法の世界でも直面せざるを得ません。いやそれはまずいので「どちらにも与しない」という意味で、「触れないでおきましょう」とすることは、「一方に与する」ことになる場合が多いのです。

「立場」が変われば結論も変わる?

「疑わしきは被告人の利益に」の具体的な中味は、同じ法曹でも、検事と弁護士では違います。検事は、犯罪者に刑罰を適用すべく、起訴すべきだけの疑いがあれば処罰を求めます。それに対して、弁護士は、「処罰するには、なお合理的な疑いが残る」と言えばよいのです。「疑いがない」という必要はないのです。そこで双方が主張する「黒と評価しうる灰色」は、実は異なっていると思います。弁護士は、どうしても「黒以外はすべて白」という方向に傾きます。この両者の関係は、刑事訴訟に関するすべての議論においてみられます。「検事にとって正しい結論」と「弁護士にとって正しい結論」は異なるのです。

もちろん、現実の世界はもっと複雑で、検察官の中には、重大でかなり濃い嫌疑があるにもかかわらず、「公判維持できなかったらどうするのだ……」と、起訴を控える人がいます。警察からみると、裁判官より、検事のほうが処罰に消極的だと言われることがよくあります。逆に、弁護士の中には、嫌疑が薄くても、「執行猶予に持って行けるから、犯行を認めてしまいなさい」という人も多いようです。ただ、マクロで見れば、検事と弁護士で、法的判断、事案の衡量の結論が異なりますし、刑事訴訟法理論が異なることは否定できないのです。

立場の差が、法理論の差をもたらすことを最も感じてきたのは、責任能力論に関してでした。平成二七年に洲本で精神障害者と考えられる者が近隣の住民を五名殺害した事件が発生しました。かつて大阪教育大附属池田小学校事件の後、「重大犯罪を犯した精神障害者に刑罰を科し得ないのであれば、それに代わる強制的な治療を、必ずしも医学的な治療の必要性がなくても、強制的に行うべきである」という主張が有力化しました。しかし、反対の極には、「患者の意思に反する自由拘束は、治療のために必要な範囲でしか許されない」という考え方も存在したのです。

基本的には、医療の側は、「患者の治療」の視点に立つのに対して、刑事司法の側は、治安対策、別の角度から言えば刑事被害者の視点も加えて考えます。しかし、ここでも、現実の議論はより複雑なものでした。まず、医療の側にも「治安・保安」を考慮する見解が実は暗黙のうちに存在してきたのです。そして、刑事法の世界にも、医療世界以上に、障害者の身柄拘束への慎重な態度が見られたのです。それは、刑法学説における「保安処分論」へのアレルギーが影響していました。昭和四六年に、精神神経学会が保安処分反対を宣言し、当時の大学紛争の動きも影響して、刑法学者は保安処分を口にすることもできない状況に追い込まれていきました。

しかし、一方で、新宿バス放火事件（一九八〇年）、深川通り魔殺人事件（一九八一年）、丹羽労働大臣刺殺事件（一九九〇年）が起こり、精神病院協会などは、刑事治療処分の必要性を主張し出しました。非入院治療（治療の開放化）が進行し、病院外での患者の犯罪・不法行為に対応する必要が生じたのです。一般の患者のノーマライゼーションを進めるためには、より濃密な治療を必要とする者、特に犯罪を繰り返す者について、特別の病院（施設）が必要だとする意見が、公にされるようになっていきました。

一九七五年頃までは、精神病院への「入院」が保安的機能を果たしてきたことは否定できません。特に措置入院は、責任無能力として無罪となった者への強制的入院「処分」と考えられてきた面があり、かなり長期の入院が患者の意思に反して認められてきたのです。一九七五年当時には六万五五七一人も存在しました。しかし二〇年後には、三五〇〇人を下回ります。そして、開放治療中の患者の事故の問題がより顕在化せざるを得なくなりました。

その結果、処罰（責任非難）できる犯罪者と強制的に入院させることのできる緊急患者の間に「他害のおそれの高い責任無能力下で犯罪を犯した者」が顕在化し、医療観察法ができたのです。医師は、「精神障害者という『病』者を対象とする以上、『有効な治療』という視点以外を混在させるべきでない。そうすれば、治療効果は減殺する」と主張します。目の前の患者の治療が第一で、患者が犯した犯罪の被害や被害者は、どうしても考慮の外に行きがちです。しかし、社会的制度として、「犯罪を犯した障害者」の対策を考える場合には、「犯人が最も治療効果が上がる方策以外は採用し得ない」という議論はあまりに片面的なものとも考えられます。医療効果を最大限追求しつつ、国民の安全安心を確保する要請に応えていかなければならないと考えるのです。

「法」は相対的である

「法は相対的だ」という発想の原点は、飯塚浩二博士の講演を聞いたことにあったと思います。ヨーロッパ中心のものの見方への反省です。発見された客体である「アメリカ」の側の視点が重要だということです。飯塚先生のおっしゃったことは、法律学、とりわけ刑法学には、特に重要だと思います。後述の電気窃盗判例でも、「ドイツが正しくて日本は間違えている」と我々は習ってきたし、私たちも教えてきたのですが、日本人の側からは「そうではないのではないか」、と見直すことも必要だと気が付いたのです。ヨーロッパ近代の「正しい罪刑法定主義」を学ぶという姿勢だけで良いのか。罪刑法定主義は、その国の文化、国民の意識と無関係の「理論」なのだろうか。このように考えていきますと、多くの解釈論で、「少し無理があるな」と思っていた点が、すっきりと見えてきました。

そのような意味では、明治以降の法解釈論の価値の源泉は、西欧の近代法であり、それが日本国憲法として顕現する場合もあれば、「ドイツの理論」がそうだからという場合も多かったのです。その基本には、明治維新とその後の日本の、ヨーロッパへのキャッチアップの必要性があったことはいうまでもありません。ただ、「ドイツの理論」も変化してきましたし、ある時期の学説を切り取ってみても、もちろん多様なのですが、非常に大きく見ると、ドイツの学説を基礎に「日本の判例は、『理論的に見ると』処罰範囲が広すぎる」としてきた面があると思います。電気窃盗判例がその典型です。電気を勝手に使ったら窃盗になるかという問題に関し、ドイツでは「電気は、固体・液体・気体のいずれでもないので『物（有体物）』ではない。だから窃盗にならない」としたのです。一方、日本は、「電気を『物』である」としました。「民法では『有体物』かもしれないが、刑法の『物』は、管理可能性があれば有体性はいらない」と。そして、ドイツの解釈が、本来の罪刑法定主義に叶うもので、正しいとされてきたのでした。

刑法総論の世界でも、「日本の判例の正当防衛が狭すぎる」という議論が強かったですね。防衛行為の相当性の判断と言いますか、過剰防衛の判断も、日本は厳格です。「必要性」という場合でも、ドイツは、「不要でなければ必要」ということに近い判断が主流であるのに比し、日本では、「必要最小限度でなければいけない」と考える場合が多いです。さらに、「日本人は権利主張が弱い」とされることが多かったのです。欧米のような訴訟社会になって行くには、「個」を確立し、強い権利意識を持つような国民を作り上げることが、法制度の近代化には必要だとされることもありました。「どちらが正しいのか」、それは「ドイツ（西欧）が正しい」としてきた面があります。しかし、何故、正当防衛の要件である必要性が「必要最小限度」では誤りなのでしょうか。日本の国民の多くが、「正当防衛は必要最小限度に留めるべきだ」と考えているとして、それが何故理論的に誤りなのでしょうか。

法の究極にある「価値」は、唯一正しいものがあるわけではないのです。私は、日本では日本流が正しいんだと思うようになりました。それを、「遅れているからドイツ流に早く直しましょう」ということをずっとやってきたけれども、最近は、変わってきたように思うのです。

西欧近代からの「守・破・離」

「破」と「離」を逆にする人がいるので注意しなければいけないのですが、「守・破・離」とは、主として武道を極める段階を示したもので、「守」とは、ひたすら師の教えを守ることです。師の教えを習得できると、「破」の段階に進みます。師の教えを守るだけではなく独自の工夫を重ね、独自の手法を試し、型を築き上げていくのです。そして、最後に「離」の段階、つまり師のもとを離れるのです。

法律学、とりわけ刑法学の「大きな流れ」は、明治期に輸入した西欧からの「守・破・離」なのです。西欧を必死に真似て、一部を否定し、最後には独自の世界を創っていく……。明治維新後は、外国から学ばざるを得なかった。外国の刑法を使わせてもらって、それから離れるということです。まず「破って」「離れる」。いや、「離れて」「破る」。どちらでもある意味かまわないのですが、重要なのは、ヨーロッパ世界が手本として「絶対」でなくなっていくということなのです。

私は今でも鮮烈に憶えているのですが、初めて聴いた専門課程の民法の講義は非常に面白かったです。平井宜雄先生の不法行為論の講義は、とてもわくわくする内容でした。まさに知的快楽を与えていただいたと思うのです。先生自身も初めての講義でした。ですから、ものすごく力が入っていました。迫力を感じました。『損害賠償法の理論』（東京大学出版会、一九七一年）を書かれており、学説史も非常に詳しい講義でした。不法行為法全体が十分に理解できたかは心許ないのですが、ローマ法、ゲルマン法からはじまって、ドイツに加えフランスの過失論の展開は非常に厚みのあるものでした。それ以上に「学問的情熱というのは、こういうものなんだ」と感じました。理論的な点では、従来の論証の仕方を根底から覆して見せて、「目から鱗」の連続の世界でした。旧来のドイツ型かフランス型か、さらには、損害賠償の理論を、法的効果という「もう一つ高い」視点から構成し直して見せる……。比較法の研究としても、従来より遙かに立体的なものに見えたのです。刑法もそうですが、もともとフランスを中心に「輸入した」のが、「ドイツ」に乗り換え、その結果ドイツ中心に学んできたものの、フランスの法文や議論も残っており、微妙に影響している。そしてそもそも、ドイツの法理論の発展は、フランス抜きには語れない……。それを鋭いメスで料理して見せたのですから、まさに画期的な研究だったのです。あの黄緑色の本、『損害賠償法の理論』は、アカデミズムの極にあるものとして、研究の目標でした。学問とはああいうものを目指すのだと意識しました。

もちろん、あの本の価値は、今でも変わらないのですが、時間が経って、今から見ますと、あの本の「私にとっての意味」は変化してきました。四〇年以上経っているので当たり前なのですが。法の歴史をずっと遡り、ローマ法、ゲルマン法というところからずっと「糸」が辿られ、その複雑な絡みが解きほぐされている。まさに知的ロマンです。ただ、「日本」を余り感じないのです。というより、「日本において正しいものは、本来ヨーロッパの正統な法律学の上にしかあり得ない」という暗黙の前提を感じてしまうのです。刑法も民法も、明治期にヨーロッパから輸入したものである以上、仕方ないのですが。

リスト＝シュミット二五版

いつまでも、西欧近代の掌の上を動き回っているだけではダメなのではないかと気付かされたのは、韓国の刑法学会の会長が日本に来て講演されたときです。韓国の刑法学の話が聴きたかったのに、出てくるのはベーリング、メッガーだとかヴェルツェルばかりなのです。「そのような話は我々も勉強している」ということではなく、韓国の刑法学が聴きたいのに、その説明は非常に希薄でした。

私のところに、現在は精華大学の教授として、中国刑法学の枢要な地位にある張明楷教授が二度留学しました。通算すると非常に長い時間「日中」の刑法学の話をしたのですが、私が強調したのは、伝統的な中国刑法学の継承発展の重要性でした。しかし、共産中国では、それは非常に難しく、ロシア刑法、ドイツ刑法、さらに日本刑法を如何に学ぶかという意識が強烈だったことを覚えています。非常に残念でした。もちろん共産主義の国家体制の下では、「無い物ねだり」だったのだと思います。しかし、必ずや中国刑法の発展が見られるようになってくるのだと思います。中国には独自の文化があるはずです。

共謀共同正犯論の変化が日本の解釈論の、最大の転換点だったと思います。藤木英雄先生が、亡くなられる直前のゼミで共謀共同正犯を対象にしていたことをよく覚えています。藤木先生は、共謀共同正犯を何とか「理論化」したいと考えておられた。ただ、「ドイツには、ぴったりの学説は存在しないが、一八世紀、一九世紀まで遡れば何か見つかるのでは」と、古い学説を検討していました。その背景には、学会の「ドイツ語重視」の傾向があったのです。何度も聞いた話なのですが、藤木先生が学会で報告をしたとき、木村亀二先生が質問に立って、「藤木君。君のその議論は非常に素晴らしい。ただ、一番肝心なことを聞くけども、君の議論は、リスト＝シュミットの二五版の何ページに書いてあるんですか」と。要するに、一番権威のあるドイツの教科書

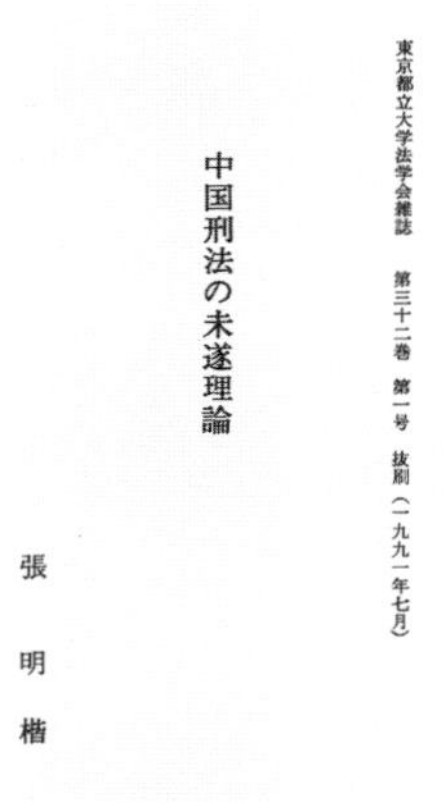
東京都立大学法学会雑誌　第三十二巻　第一号　抜刷（一九九一年七月）

中国刑法の未遂理論

張　明　楷

張明楷「中国刑法の未遂理論」
『東京都立大学法学会雑誌』
第32巻第1号（1991年7月）

で、何でも書いてある、その公定版の教科書みたいなものに載っていないということは、理論じゃないよね、と。こういう批判なんです。藤木先生は、ただ、我々の時代と違う時期に生きていますから、「ようし、だったらやってやろうじゃないか。共謀共同正犯、ドイツにも手掛りがあるはずだから探そう」、こういう反応になるのです。そこで、ベルナーが何だとか、一九世紀、一八世紀の理論をずいぶん勉強しました。ただ、今にして思うと、なんでそんなことをしなくてはいけないんですか。日本は日本じゃないですか。

しかし、学問状況は考えられている以上に大きく変わりました。三〇年前の世界と二〇年前の世界と、そして、その後もどんどん変わってきている。勉強するときに、我々が仕事をするときもそうだったんですが、比較法研究にとって最も大事なことは、「外国の概念をそのまま使っては絶対にいけない」ということでした。あくまでも、日本でない「外国法」なのだから、そのまま使っちゃダメだよ、と言われてきました。

木村光江教授の『財産犯論の研究』は、外国法研究の意味を変えたように思います。多くの国の財産犯を調べて、学説のみならず、判例や財産犯の発生状況を調べて、それぞれの国で状況は異なるのだけれども、「財産犯の発生状況によって、本権説と占有説のいずれの傾向が強まるかが変化する」という事実は、ほぼ共通するのだということを明らかにしました。もちろん各構成要件や正当化事由との関係も、国によって複雑ですが、「本権説と占有説のいずれが正しいのか」という議論は、ほとんど意味がないことははっきりしたのです。状況によって動く。国民の処罰の要求の強さが変化する。そして、動きを規定しているのは、各国の固有の事情なのです。

財産犯の発生状況が、財産犯に関する理論に強く影響を与えるということは、どこの国でも同じだということはその通りだと思います。他方、外国で有力な法理論をそのまま日本に導入してあてはめることは、かなり前から、認められていません。国が違う、具体的な事実が違うのだから、「アメリカの判例は、こういう法理論を用いてこう結論する」といっても、その基礎にある事実を踏まえて比較しなさい、という議論は、比較法の大前提です。ただ、それも私は「ちょっと違う」という気がしているのです。「理論は同じだが、あてはめる事実により結論が動く」ということではないと思います。理論そのものが違う。たとえば、正当防衛も、厳密には国によって違うし、共犯の理論も違う。そもそも、理論を産み出す、理論を支える文化のレベル、規範のレベルで、国ごとの差が存在すると思うのです。文化の差が、「理論そのものの差」を導くと考えています。罪刑法定主義の考え方、責任主義の理解も、国によって理論そのものが微妙に異なってくるのではないか。逆に、ただ、国際的な領域とか、インターネットに近いような世界みたいなものは、これは統一的で、一貫性のある議論でなきゃダメだということになってくると思いますね。その意味でも、「『理論』そのものが国民の規範意識によって決まる」。つまり、「理論の具体的なあてはめは国民の規範意識によって決まる」というだけではないと思うのです。

国民の規範意識とポピュリズム

様々な形で繰り返していますが、法解釈は、最終的には国民の常識に則ったものでしかあり得ません。もちろん、それが少しずれると、非常に危険な内容となる。「ポピュリズム」と同視されると困るのです。マスコミがもてはやした小泉元首相の「郵政選挙」は、国民の声を汲み上げた民主的なものとはちょっと違うと思います。また、東国原元知事が選挙で圧倒的な票を取って、大変な人気でしたが、彼の行動が真の県民の声を踏まえたものとは思えないのです。

マスコミに現れる「人気」は、民意とは逆の場合すらあると思います。自民党の幹部が、東国原元知事を総裁候補に挙げたというニュースがありましたが、報道が信じられませんでした。ヒットラーの演説に煽られたドイツ国民の判断が正しいとは思いません。こういうのは唾棄すべきことだと思っています。ネット社会も似たところがあります。アクセス件数だけでニュースの価値が決まってしまうような、安直なテレビ局の反応も、実になさけない限りです。

しかし、これまで述べてきたように、法的結論の「正しさ」が客観的に決まるとは思えないのです。ただ、一方で、私が学生時代に習った法哲学は、碧海純一先生のものでした。基本的に、価値相対主義です。

かなり徹底したものだったと記憶しています。絶対的な価値を選択するというのは、権威からの押しつけである、ということですね。平野龍一先生も、碧海先生との距離は近かったと思います。平野先生の「刑法は立ち居振る舞いを教えるものではない」という考え方も、価値相対主義の現れです。これが、団藤刑法に対する批判として用いられました。行為無価値論批判です。法益侵害が大事であって、客観的なマイナスがなければ、立ち居振る舞いは趣味の問題に過ぎない。ただ、団藤先生たちは、法は「道徳の最低限度」、最低限守らなければならないもの、道徳と無関係に法というのはあり得ないとされるわけです。そもそも争いは、倫理的なものというか、規範的なものにどこまで立ち入るかということなのです。

完全に道徳から切れた、法益侵害だけでの刑法の説明は、無理です。価値相対主義を徹底すれば、何でもOKになってしまう。「人に迷惑をかけなければ……」と言いますが、「迷惑」のなかに何を入れるか、ということなのです。「息苦しい」とか「生きにくい」とか「不愉快だ」と思う……。「迷惑」を拡げていくと、倫理の領域に入っていきます。なるべく干渉しない社会がいいのか、干渉する社会がいいのか。そう平板にしすぎてもいけないのですけれども、このバランスは動いていくのです。少なくとも、どちらか一方を徹底すればよいというものではない。というより、徹底したら、いずれも「間違えた刑法理解」になる。その時々で、やはり違うと思うんですよ。「干渉の少ない社会ほど、いい社会だ」という価値観の人もいます。ただ、それが「正しい」という根拠はないんです。それが圧倒的に多数になって、「規範」となっていけば、それが基準になっていくんだと思いますけれどもね。

「価値」は不条理なもの

最終的な価値基準である「保守」、いわば福田恆存先生の世界というのは、やはり、「今までやってきたことは、それなりの理由があるから基準となっているのだ」ということだと思います。「変えればいいんだ」ということで後先考えずにパッと進むと、思わぬ穴に落ち込みますよという智恵なのです。取り返しのつかなくなる危険がある。「保守」というのは、「おそるおそる進め」ということなんだと思いますね。

そして、価値とは、「理屈」で割り切れないものです。私の両親は、明治生まれと大正生まれですが、その言葉の端々から感じたのは、第二次世界大戦を経験し「天皇制」にあまり畏敬を感じていないということでした。「天皇だって同じ〝人〟なんだから……」。親の世代は、意外に、「平等意識」が強かったような気がします。「いずれ天皇制というのは消えていく」みたいなことを、言う人も多かった。しかし、そう言いながら、象徴としての天皇の価値を正面から否定する人も少なかったように思うのです。戦前とは変わったものの、依然として「天皇制」に価値があるのか。論理的な説明は、非常に難しいです。理論的には、「本来否定されるべきものが、改革が徹底しなかったために残ってしまった」と考えるのがわかりやすいのですが、国民の中では「消え去るべき存在」という意識は、拡がってはいかなかった。子供の頃に習ってきた歴史の方向性とは違うのです。むしろ、天皇制を支える国民の意識は強まっているとすら思えるのです。

天皇制と並ぶ「価値」の問題が平和主義です。こちらは、逆です。親たちからも、「どんなことがあっても、戦争だけはしてはいけない」と習ってきたし、政治的な対立があっても、「平和憲法」だけは不可侵の存在であったように思います。しかし、なぜ平和が大事なのか。一方で、国を守るためには「平和」とだけ言っていたら、外国になめられるよ、あるいは、外国の属国になっても、平和でありさえすればいいのかという議論はあります。しかし、そのような議論は強くなっていかなかった。これは「第二次世界大戦に対する反省の力」なのだと思います。理屈ではなくて、「肌に染み込んだ価値」なのだと思います。そして、私もそのような価値観を共有しています。しかし、そのような皮膚感覚を持った人が減っていけば、規範は変わるのかも知れません。天皇制の規範性は、それとは違う「不条理な世界」なのだと思います。そして、「不条理」は、必ずしもマイナスシンボルではないのです。

「価値の問題」に関しては、都の審議会で永い間ご指導いただいた加藤諦三先生に非常に大きな影響を受けたと思います。より根本的には、「人を動かすのは、論理でない」ということ、『徳』というものの大切さ」ということなのですが、言葉として残っているのは、「葬式に、なんで赤い服を着て行ってはいけないのか」という話です。理由なんて無いのです。「いけないからいけない」。みんなが着ていかないからですよ。法的に禁じられているわけでも何でもない。「私は、赤い服が好きだから、葬式にも着ていきます」といっても処罰はされない。顰蹙を買うだけなのです。けれども、規範の世界というのは、まさにそこなのです。最後は、「国民の大多数がそう考えるから……」。

だから、私は、今の若い女の子、男の子もそうですけど、「なんであんなファッション格好良いの」とよく思います。業界が、儲けのために意図的にトレンドをつくりだしているという面がないことはないのでしょうが、「かっこいい」の規準も、不条理ですよね。みんな真似して、同じようなものを着るようになれば、それが「正しい」のだと思いますよ。

文化のもっとも根底にある「言葉」もそうです。微妙に動いていっていますよね。「正しいのはこちらだ」と言い張っても、大多数が別の言い方をするようになってしまえば、そちらが「正しい」のです。

日本は「判例法国」である

法の世界も同じです。法のユーザーの国民の大多数が正しいというものが正しいといわざるを得ない。ただそれは、対立・矛盾を消化しながらじっくり動くのです。「大陸移動」のようなものです。ですから、ポピュリズムとは違います。

そして、解釈論として、価値判断を、前述の「あてはめ」、「比較考量」をしながら決めていくというときに、日本は「判例法国」であるということを認識しておく必要があります。もちろん、形式は成文法国ですから、英米法とは違います。制定法があるわけですが、はっきりしているのは、その条文を現実に適用して、別の言い方をすれば「法を現実にあてはめる」際に、裁判所・裁判員が、国民の微妙な変化を汲み上げていく、ということです。もちろん、価値の問題としては、議会で法をつくるときに最も大きく変動するように見えます。しかし、実際には、法の適用の中で国民の意識が汲み上げられる割合のほうが大きいのだと思います。選挙というツールは、非常に大きな価値変化には向いていますが、微妙な調整はできないのです。

これまでの刑法学は、学説の役割とは、判例を正しくコントロールすることだと考えてきました。ともすると、具体的な事案に引きずられて、処罰範囲を拡げがちな判例を、正しい理論の視点から規制するのです。判例を評釈するという際には、「判例批判」というニュアンスが入っていました。「判例が正しい」という言い方は、学説の任務放棄という感じすらありました。「処罰すべきかあいまいで、どっちかわからなかったら、無罪にしておきなさい。なぜならば、刑罰というのは、この世で一番峻厳な制裁なんだから、その適用は狭いほうがいい」。「判例は、時の権力を肯定する立場で、保守的で、処罰範囲を拡げる方向にある」。こういう意識が暗黙のうちに存在してきた、というよりも、どちらかといえば有力だったのです。ただ、そのような判例への評価を認めるにせよ、何故、「そのような学説の価値判断は、中立的である」といえるのでしょうか。

問題は、判例を批判する根拠となる「正しい理論」が、何故正しいといえるのかなのです。その多くの正統化根拠は、実は「ドイツでこういう説が有力だから……」というものだったように思います。しかし、ドイツと日本の規範意識、さらにその根底にある文化的（生物学的・心理学的な特質の差もあるのかも知れませんが）差を考えれば、その説得性は著しく減退するのです。判例批判のもう一つの源泉は、「憲法でした。ということは価値判断そのものなのです。別の表現を用いれば、罪刑法定主義や刑罰謙抑主義、責任主義等です。「罪刑法定主義からいって電気窃盗事件は無罪であるべきである」、「公務員争議行為を処罰するのは、刑罰謙抑主義に反する」、「判例の故意概念は責任主義に反するのであって、制限故意説を採用すべきである」。そのような立場、考え方が存在することは認めますが、何故それが絶対的に正しいといえるのでしょうか。

実質的犯罪論

私の研究を一言で表せば「実質的犯罪論」ということになります。もちろん刑法だけでなく、刑事訴訟法も研究はしてきたのですが、関心の中心が「犯罪とは何か」という犯罪論にあったことは、紛れもない事実です。そして、その原点にあったのは「腑に落ちる」という視点でした。具体的な問題意識は、「結論を納得してもらえないのに、理屈で説得することにどれだけの価値があるのか」、「結論と理論の隙間に何があるのか」ということでした。

もちろん「結論が決められない場合に理論が有用であることがある」「恣意的な判断を防ぐために、客観的な理論があったほうが良い」ということを否定するつもりはありません。ただ、三段論法で、「誰でも理論から正しい結論が導ける」という法解釈学の基礎は、非常に空虚なものだと思ってきました。「解釈者、とりわけ権力者である裁判官の実質的価値判断を介入させないために法理論がある」という説明には、白々しさを感じてきました。「正しい理論は、誰がどうやって決めるのか」という疑問が完全に解けたことはなかったのです。「判例の解釈は、権力側の主張であり、それを糺すのが学説である」。学説の中でも、有力なものを多数説と呼び、更に確立したものとなっている場合を通説というわけですが、その正統性は、結局、比較法を土台として理論研究によって基礎づけられ、学者は、その理論研究の場でしのぎを削ってきたのです。問題は、理論の「正しさ」の判定基準であり、論理性、説明の明晰性に加えて、犯罪現象に関する法社会学的分析、歴史学的検討が重視されてきたのですが、実際は、外国、とりわけドイツの学説の紹介の質と量が重視されてきたように思います。そして問題は、判例との関係をどのように理解するかにあったのです。通説と判例が乖離した場合には、当然前者が優先するとされてきました。少なくとも大学、理論の世界では。しかし、それが変わってしまったのです。私は、明治期に輸入した西欧近代の法を、日本社会に合うように「換骨奪胎」に近い形で発展させ、厖大に蓄積された判例が熟成した結果、必然的に起こった事態だと考えています。現実の日本社会に適合した法解釈が必要で、それをある時期から「実質的犯罪論」と呼んで使ってきました。

団藤刑法学と三島由紀夫の自殺

実質的犯罪論という言葉は、もともと世の中にあった言葉なのですが、私自身がいつから使い出したか厳密には憶えていないのですけれど、意識としては、少なくともある時期からは、やはり団藤刑法との「対決」のためのものであったと思います。「対決」という言葉は不遜なものですけれども、研究の開始の頃は、団藤・大塚刑法が主流をなしていました。それとどう切り結ぶべきかということで、平野先生は、もちろん、それを一番強く意識されたのでしょうけれども、私は、私なりの意識がありました。というよりは、一周も二周も遅れて出てきた人間ですから、「対決」の仕方は違うのですが、やはり「形式か実質か」というときに一番意識するのは、団藤刑法でした。

見出しに「三島由紀夫の自殺」と書きましたけれども、これはご本人からも聞いたし、いろいろなところで先生がお話しされていた有名な話です。団藤重光先生いわく「三島由紀夫が、私の刑法を聞いていてくれたら自殺しなかった」。三島は、形式美、緻密なしかし形式的な刑訴理論を学んだから、純粋に「理」を突き詰めて自殺に至ったと思うと。刑訴というのは、非常に形式的で寄せ木細工のようで、実質の部分がなくて、規範的なというか、心情的な要素も切り捨てた理論の世界だから「情」が入る余地がない。しかし、「私の刑法を学んでもらえていれば、自殺はしなかった」とおっしゃる。「私の刑法理論は実質的なんだ」ということです。形式的に理屈で詰めて考えるのでなく、実質的価値の問題に直面したはずだということなのだと思います。現実には少し違うニュアンスかも知れないですが、何度聞いても、私は一貫して腑に落ちなかったんですね。先生に向かって申し上げる、などという不遜なことはできないのですが、団藤先生の刑法が、そんなに実質的なのだろうかと……。いいとか悪いとかではないんですけれど。

やはり団藤刑法を象徴するのは、「定型説」であり、『刑法綱要総論』の「はしがき」なのです。

はしがき

刑法は、法律のなかで、だれにとっても、おそらくいちばん親しみやすい分野であろう。犯罪とはなにか、刑罰とはなにか、死刑は是か非か、といった刑法の根本問題について、まったく法律を知らない人でも、ひとかどの議論をたたかわす。いな、法律を知らない人のほうがかえって新鮮な感覚をもっていて、専門家に反省を促すことさえもあるくらいである。刑法はそれほど人間性に深く根ざしているのである。

ところが、専門家による刑法の理論構成は、日ましに精密さと複雑さとを加えて来て、次第に近寄りにくいものになりつつある。むろん、それにはそれだけの理由のあることである。刑罰権といった国家権力の発動がでたらめなものにならないようにするためには、あらゆる恣意を封じなければならない。罪刑法定主義はその立法的なあらわれであるが、微動もしない正確な理論構成への要請も、これとうらはらをなすものだといってよい。そこに刑法学の重要な社会的使命のひとつがある。しかし、もしそうした自覚なしに単に理論のための理論を考えるようになっては、刑法学の生命は失われる。

刑法学は、つねに、人間的なもの、また、社会的なものに根をおろして、そこに生命の泉を求めなければならない。この書物の執筆にあたっては、およばぬながらも、終始、このことだけは

忘れなかったつもりである。（昭和三二〔一九五七〕年九月二三日）（団藤重光『刑法綱要総論』創文社、一九五七年）

この「はしがき」の読み方としては、「専門家による刑法の理論構成」を批判し、「人間的なもの、また、社会的なもの」を重視していると読むべきだし、団藤先生の真意もそこにあるのですが、同書の内容である個々の解釈を見ると、「刑罰権といった国家権力の発動がでたらめなものにならないようにするためには、あらゆる恣意を封じ……微動もしない正確な理論構成」を目指した教科書に見えるのです。そしてそれが、昭和三〇年代以降の刑法解釈論の趨勢であり、それを象徴するのが『刑法綱要総論』だったと思われるのです。団藤先生は、「人間的なもの、また、社会的なもの」が大事だと考えられたのだと思います。しかし、日本の多数説として君臨した団藤説は、それと同じではないと思いました。主観的なお考えと、その説の社会における客観的機能との差があるというのとも少し違いますが……。また「マクロで見えるものと、ミクロの厳密な事実とは異なる」というのとは少し違うのです。

また学問としても、刑訴のほうが実質的ですね。これは、実務の方にいろいろ聞いても、具体的な「捜査が違法かどうか」というような議論に典型なのですが、形式的なあてはめでは処理できないからです。「写真撮影は強制捜査なのか任意捜査なのか」というような議論は、既に消えていて、①どのような犯罪について、②どの程度の嫌疑が有り、③撮影の必要性がどれだけあるか、さらに④撮影の態様が相当か等が問題となります。その利益考量は刑法の場合以上に実質的で微妙だと思います。少なくとも刑法より形式的に議論できるというのは、ピンとこないのです。

その後ずっと勉強していくなかで、平野先生の機能主義とか、結論の重要性に強く影響されたことは言うまでもありません。教義論といいますか、ドグマティークというのはダメなんだということも学びました。ただ、平野先生は、実はドグマがお好きなのだとも思いました。

形式的犯罪論の極――中山刑法

本当のところ、実質的犯罪論と一番対立するというか、意識したのは、実は中山研一先生ですね。最後まで、非常に細かい字で書かれたお葉書をいただき、ご指導賜りました。亡くなる直前まで執筆を続けられ、常に新しい問題を追っておられました。議論の切れ味は全く変わらなかったのです。あの研究に対する熱意には本当に感服しています。

刑法研究会については、既に触れたのですが、実質的中心は中山先生だったといっても誤りではないと思います。もちろん、平野先生が主導なのですが、ただ、刑法研究会の議論の方向性は、基本的には、中山先生の考え方と同じだったと思います。そして、会をいわば「幹事長」的な形で、実務的に切り回しておられたのは、中山先生でした。

平野先生の刑法の教科書が出来たときに、私は助手だったものですから、お手伝いをしてきました。注を埋めたりとか、校正とかをずっとさせていただきました。見本刷が出来上がったところで平野先生が、「前田君。この本が分かる人、日本に何人いるかね。ま、中山君は別として、あとは誰が完全に分かるかね、全部」という言い方をしたのを、鮮烈に憶えていますね。要するに、あの頃だってもう相当な数の刑法学者がいるわけです。刑法研究会のメンバーだってたいへんな数です。そのなかで、実際、刑法研究会をずっと見てて、実質を動かしていらしたのは中山先生なのです。鋭い方ですからね。中山刑法というのは、やはり、ある種の形式的犯罪論と言いますか。もちろん、形式的犯罪論、実質的犯罪論という定義自体が曖昧すぎるんだけれども、私が実質的と申し上げる反対の極にいるのは、ある時期からは団藤先生より中山先生という面が強かったと思います。佐伯千仭先生の後、理論を重視する京都学派の頂点だったと思います。

団藤刑法を、現実を支配している法理論という意味で、やはりまさに権威として、特に平野先生は、「既存の権威」として意識された。我々の頃の平野先生の講義は、団藤先生の本が教科書でしたが、「団藤先生の本が全部間違えている」という講義でした。そういう教科書の使い方もあると思いました。まあ、解釈論というのは、だいたいそんなものなのでしょうが。

中山先生の議論は、非常に明晰で、罪刑法定主義を徹底し、刑罰謙抑主義、責任主義を重視されました。そして、先生は刑法読書会を実質的に主催され、ドイツの刑法学説の、しかも最新のものを吸収されておられました。今にして思うと、私の刑法学は、ほとんどすべての面で中山刑法と対峙することになったのです。その意味でも、平野先生と並んで、私に最も影響を与えた学者でした。

実質的犯罪論と『可罰的違法性論の研究』

一九八二年に『可罰的違法性論の研究』が出来たことは既にお話ししましたが、なんのことはないタネを明かしてしまえば、実質的犯罪論というのは、同書に書いたことそのものなんですね。それを、いわば敷衍したものなのです。

『可罰的違法性論の研究』（五五七頁以下）

本書は一つの論文としてはかなり長いものとなったが、結論自体は単純・明快なものである。

（1）まず、可罰的違法性論の持つ様々な曖昧性を除去するという視点から、従来の可罰的違法性に関する問題を、刑法固有の違法性判断を認めるべきか否かの問題と、刑法固有の違法性の具体的内容の問題に分ける。

（2）そして前者については、正面から違法の相対性を認めるべきであり、そのことによって現在の多数説の採用する、違法一元論を前提とした可罰的違法性の概念は不要となる。

（3）後者は、さらにその判断枠組の相違から絶対的軽微性と相対的軽微性という二つの類型に分かれ、それぞれが実質的構成要件解釈と実質的違法阻却事由に解消される。そして、逆にこのことから、一般に、構成要件判断を処罰に値する法益侵害（危険）の有無の判定作業、違法性阻却判断を行為の担う利益や必要性等がその侵害を上回るものであるかを衡量する作業として構成すべきであることが導かれる。

（4）それ故、構成要件には該当するが可罰的違法性を欠くとか、正当化事由と区別された可罰的違法阻却事由という理論は不要だということになる。現状では、可罰性と違法性を峻別するところの「可罰的違法性論」は否定されるべきであると考えるのである。

（5）ただ、可罰的違法性という「言葉」の要否は、いわば末梢的な問題にすぎない。重要なのは、処罰範囲をいかに設定するかであり、その為の判断基準をいかに明確化し機能性の高いものにするかである。その意味では、第七章に示した実質的構成要件解釈の具体的基準設定、及び衡量型の手段の相当性判断を中心とした実質的違法阻却事由の判断構造と、その犯罪類型ごとの具体的基準こそが本書の其の結論であるといえよう。

（6）また、可罰的違法性論と社会的相当性論に関連して主張された、「社会の複雑化が行為無価値中心の違法論を導く」という命題を批判し、違法性は客観的事情を基礎に判断されるべきであるとした点も本書の重要な主張である。

可罰的違法性論が解決しようとした問題と、それに対応する判例を川の流れに喩えるならば、そこに二つの異なった「水系」が存することに気づく。一つは一厘事件に源を発する、日常的に生じ得るごく軽微な事案の流れである。他方は、戦後に生じた公安・労働事件を中心とする価値・利益が衝突し合う事案の流れである。そして学説は、この近接し一部で合流しつつも、本質的には相異なる流れに、可罰的違法性論という堤防を設けて川幅を制御しようとしてきた。そして、この堤防にも二つの型があった。一つは、もともと一厘事件の流れに対処するためにつくられたもので、その理論の骨組は、違法一元論を基礎に、形式的な違法性判断の後に可罰性判断を加える、宮本博士以来の型である。軽微犯を主たる対象としつつも、形式的には違法阻却事由に近い形を採る。そして戦後、新たな流れの出現により一部修正が加えられたが、基本的構造は現在も維持されている。もう一つの型は、戦後の新たな問題状況に対応すべく形成されたもので、可罰性を含む違法性判断としての社会的相当性によって、判例の流れをコントロールしようとしたものである。そして表面に現れる最大の特色は、理論を構成要件の問題に明確に限定した点である。

しかしこの二つの型の堤防は、いずれも現実の判例の流れに適合しなかった様に思われる。前者は理論が複雑で、かつ具体的限界が曖昧であり、その意味でいわば川幅が広がりすぎる危険性を有し、後者は逆に、水路をあまりに狭めすぎたのである。それ故多くの判例は、一見後者に沿って流れたが、実はその堤を越えざるを得なかったのである。

もちろん、学説は判例に追随していさえすればよい訳ではない。それを批判的に検討し、さらに将来の方向性を指し示す任務も否定し得ない。しかし、判例のみを「変数」として捉え、理論によってそれを動かすという一方的な観点には、問題があるように思われる。諸外国の法律学から多くを吸収せざるを得なかった時期ならいざ知らず、現在の我国においては犯罪理論も判例によって動く変数にすぎないという当然の認識がより強く自覚されねばならないのである。我国の具体的問題状況は、我国の判例に現れる。解釈学は、我国の具体的問題解決の為に存在するのである。

もちろん、本書の具体的結論である、判例分析から導いた個々の犯罪類型ごとの処罰範囲は、私の価値採択の現われである。これに対しては処罰範囲が広すぎるという批判、さらに最近の学説・判例の状況からはむしろ狭すぎるという批判が予想される。たしかに時により判例の流れにも波があり、現在は処罰拡大の方向に動いているかに見えることも事実である。しかし、本書で検討した一四〇〇件余りの判例を全体として見ると、実は判例には処罰範囲にさほど大きな振れ幅は存しないのである。また、一厘事件以来の謙抑主義の伝統は、我国の実務の底流に流れ続けている。その意味で、私は我国の判例実務を信頼するし、今後も謙抑主義の精神を堅持することを強く期待する。まさにこの点こそが、本書の最大の主張なのである。

実質的構成要件論――構成要件該当性判断は、価値評価を伴う

まず、構成要件は実質的に理解されなければいけない。構成要件該当性判断は、価値判断を伴うということ、これが『可罰的違法性論の研究』の一番のポイントなのです。私たちが習ってきた電気窃盗判例などを使って、刑法解釈とは何か、罪刑法定主義とは何かを、ずっとやってきたんです。今にして思うと、電気窃盗判例はそんなにおかしくはない。刑法学者はおかしいと言いますが、初めに聴いた星野英一先生の「法学」の講義の中では、電気窃盗判例を全然批判していなかったことを思い出すのです。もちろん、民法の見方と刑法の見方の違いといえば違いなんですが。ポイントは、ドイツでは、全く逆の解釈論だということです。電気は物じゃないから無罪でいい、日本は、電気は物だから有罪だと。電気を物といっていいのかどうか、というところで、どこまで「物」を厳密に解釈するか、ということですね。「ドイツ流

の厳密な解釈で処罰を狭めるほうが正しい解釈で、日本の裁判官は遅れているから、罪刑法定主義感覚が身についていないから、間違えた判決を出していた。いずれ時間が経てば、ちゃんとした解釈論ができるようになる」……。しかしこれは、一〇〇年経っても変わらない。今にして思うと、もともと間違えていない。そういう感じなんですね。

それから、構成要件解釈のいろいろな局面全部に言えるのですが、戦後一番（四〇年代以降かも知れませんけれど）争点だった不能犯について、どこまで未遂にするかという議論ですね。これも、「実行行為というのを形式的に分析すれば答えが出てくる」というものではないのです。非常に実質的な利益考量ですね。これなどは、まさに本書のポイントで、「理論から答えが出てくるわけではない」ということです。それを一番最初に考えさせられたのは、不能犯の問題でした。以前、大谷實先生と対談をして『エキサイティング刑法』（総論・各論、有斐閣、一九九九年・二〇〇〇年）という本をつくりましたが、本当のところ、結論においてはそんなに対立はないですね。結論なんてそんなに違わない面があるのだけれども、この不能犯論は違います。たとえば人形に向かってピストルを撃ち込んだとします。人にしか見えない人形にピストルを撃ち込んだら、未遂なんですか、不能犯なんですか。これは、最後の最後までぎりぎりのところで対立は残った。やはり結論は違ったと思うんですね。ただ、どっちが正しいかというときに、具体的危険説が正しいから、客観的危険説が正しいから、という理論的説明は、結論の先取り、言い換えにすぎない。具体的危険説をとれば未遂の結論になるわけですから、客観的危険説をとれば、「人形」を前提に考えるわけで、危険性はないんだから、人形が死ぬわけないじゃないか、ということで無罪になるわけです。結局、どっちの結論をとるのかが問題なのです。そして客観的危険説が、理論的に具体的危険説より正しいと、何故言えるのでしょうか。このような疑問に関して決定的だったのは、イギリスで不能犯の議論が、立法により大きく動いてしまったという事実なのです。それまで、不能犯で無罪だったものが、社会状況、治安の悪化とか処罰範囲の広がりのなかで、「不能犯といったって殺そうとしたんでしょ。死なないといったって、殺そうとしたんだから、殺人未遂に決まっているじゃないか」というふうに変わっていくわけですね。同じような動きは、九・一一の後のアメリカや、ドイツにもありました。理論的にどちらが正しいかを追求していくと、法改正が間違えたのだから、条文に従わなくてもよいのかという話になります。そんなことはないのです。

因果関係論も構成要件解釈として、実質的に判断する作業は非常に大変です。それをなんとなく、理論で、たとえば相当因果関係の何々説をとればこうなる、みたいなことをやってきたのですけれども、何々説を何故とるのか。何々説をとったとしても、結論はどうなるのか。問題は、あくまでも具体的な事案の結論です。脳梅毒事件なども典型です。顔面を蹴って全治一〇日の怪我を負わせ、それがもとで被害者が死亡したという事件です。脳梅毒にかかって脳組織が非常に弱くなっていたために、普通だったら死には至らないようなものなんだけれども、蹴りの打撃で死んでしまった。因果関係を認めるのか認めないのかに関して、脳梅毒にかかっているということを考慮に入れて、客観的なものを全部含めて考えるのか、一般人から見てどう見えるか、つまり、脳梅毒は外からわからないですから、この程度の怪我だけで普通は死ぬわけないとして、因果関係を否定するという議論が有力だったのです。

しかし事実が重いんですね。一〇日間の怪我と言いますけれど、実際の画像が出たので私も気がついたのです。歌舞伎役者の市川海老蔵が、西麻布の飲食店で元暴走族ともめて暴行されて、青あざつくって角膜から出血した事件がありましたが、これとそっくりだったのです。六センチのあざが、一〇日間消えなかった。海老蔵の怪我も、一〇日間消えなかった。角膜から血が出ている、全く同じなんです。蹴ってあれだけの怪我をさせて、その結果、脳組織が瓦解して死んだ。たしかに、被害者は、脳梅毒という病気にかかっていて、脳組織は普通の人より弱かった、因果関係あるんですかないんですか。脳梅毒事件の最高裁の「傷害致死を認める」判断は、おかしくないですよね。顔面にあれだけの傷害が残る蹴りを加えたのですから。最高裁の調査官室で議論していて、遠慮がちにしかおっしゃってくださらないけど、「学者は、だから理屈ばかり言ってて、事実を見ないよね」と言われたように思いました。それはやはり、ずいぶん厳しく批判されたと感じました。ただ、その批判の意味がわかったのは、海老蔵のおかげといえないことはないです。もちろん、その前からロースクールで教えるようになって、「事実」の重みを教えてきて、自分自身でも「教えている意味」が少しずつ理解できるようになってきていたのかも知れません。

実質的違法論

実質的に構成要件を解釈するのと関連して、違法論も実質的に捉える必要があります。『可罰的違法性論の研究』の中で最も力を注いだのは、判例を分析することによって、日本の実質的違法性判断の実像に迫ることでした。そして、具体的事案に応じて、目的の正当性、手段の相当性、法益衡量、相対的軽微性、必要性等が基準として共通に用いられていることを示し、さらにその衡量の結論においては、「刑罰を科すに値するか否かという『政策的評価』が必須である」ということをあきらかにしたのです。それまでの学説の中には、形式的な法定の正当化事由を超えて実質的に違法性を判断する以上、法定の正当化事由の最も厳しい条件、すなわち緊急避難の要件を要求すべきだというものもありました。しかし、判例は、よりゆるやかな要件で実質的に違法性の阻却を認めていったのです。「全く落ち度のない人を殺しても許されるような場合を措定する緊急避難より厳しい条件」を、たとえば抗議活動に相当な根拠があるものの少し行き過ぎがあり、程度の軽い傷害や、比較的に軽微な業務妨害等の犯罪行為に及んだ場合の正当化にも要求するのは不合理だからです。判例の違法性の判断は「比例原則」なのです。

ただ、実質的違法性論というのは、第二次大戦前から広く認められてきたといってもよいと思います。違法性というのは、形式的に「法規範に違反するから違法だ」というよりは、「正当な目的の相当な手段」とか「優越的利益があるから」とか「社会的に相当だから」とか、実質的に説明することが通常になっていました。問題は、そのような抽象的説明ではなく、「どこまでを違法な行為として処罰するか」という具体的な結論なのです。たとえばその正当防衛一つとっても、日本とドイツでは正当防衛の範囲は違うのです。従来は、違法性の実質をどのように説明するにせよ、「日本とドイツでは正当防衛の範囲は違わない」という暗黙の前提の下で議論してきた面があります。どちらの国にも「正しい正当防衛概念が妥当する」、理論としては同じだということを前提にしてきました。そして、日本の判例の、たとえば「喧嘩両成敗的な考え方」を、ドイツの理論の視点から「間違っている」「不合理な、因習的な考え方だ」と批判するような議論がかなり見られたのです。

正当防衛の具体的成立範囲が、国によって違うということを思い知らされたのは、銃刀法改正のお手伝いをしたときでした。たしか日比谷公会堂だったと思います。このシンポジウムは、私にとっていろいろな縁がありました。オウム事件関連で銃で撃たれた国松警察庁長官がお出でになり、大変永い間お世話になった河上和雄先生（先日、亡くなられました）、最近、真犯人が誰か話題となった八王子スーパー従業員射殺事件の女子高校生の担任の先生も参加して下さいました。それから、レーガン大統領狙撃事件で、大統領に当たらず、脇にいて銃弾をあびて大怪我をされた補佐官が、奥さんに車椅子で押されて会場に来られました。そして私と、服部さんも加わってシンポジウムを行いました。

日本がアメリカのようなひどい銃器社会になったら困るから、銃刀法を厳しくして処罰を重くして、日本に銃が入ってこないように法改正をしよう、そのために構成要件を変更し法定刑を上げることに賛成である、という方向でのシンポジウムでした。そのときに、ある意味でメインテーマだった服部君の事件というのは、アメリカでハロウィンのお祭りのときに家々を回ってお菓子を貰う際におこった事件です。服部君が訪れたところが運悪くて、若夫婦でお嬢さんが一人のお宅でした。突然、東洋人がぬっときて、たしか仮装していたのかも知れない。「フリーズ事件」といいますが、ご主人が、服部君の胸に銃を突きつけて、「フリーズ」、止まれと言ったんですね。でも止まらなかった。聞き取れなかったのか、意味が分からなかったのかは不明ですが、止まらなかったがために、ご主人は引き金を引いたわけです。しかも胸にあてて引き金を引いた。それを聞いて「アメリカの銃器社会というのはなんてひどいことをするんだ」と日本人は憤慨したのです。前途有為な、あの頃は各県で一人選ばれて留学するという世界ですから、その人が撃ち殺されるなんて、という話です。ただ、後でも服部さんに言えなかったことが一つありました。本当に「極悪非道な犯罪」ですが、撃ち殺した犯人は、アメリカでは正当防衛で無罪なのです。この間も、フロリダかどこかでありました。ヒスパニックの人が黒人を撃ち殺して、人種差別じゃないかと大騒ぎになりました。

何故大騒ぎになったかというと、白人が正当防衛で無罪になったからです。服部君の場合も、撃ち殺したこと自体は、アメリカの法規範、特に南部でいえば、当然正当防衛なのです。日本での議論では差別問題が重視されましたが、人種差別とは本当は違います。要するに正当防衛の理解が違うという問題なのです。

それと、勘違い騎士道事件（司法試験でも出るような誤想過剰防衛の判例ですが）の場合は逆で、これは、日本に留学している空手三段のイギリス人が、夜道で女性が襲われていると思って助けにいき、誤って人を蹴り殺したという事案です。学生でも勉強している方は多いと思いますが、この事件、女性が悪いんです。酔っ払って、連れの男性に絡んでいた。そうしたら外国人が通るのを見て、知っている英語を声をかぎりに怒鳴った、「ヘルプミー、ヘルプミー」と。夜道で女性が倒れていて、そばに男性がいて、大きな声で「ヘルプミー」と言われて、ベラミさんといいますが、そのイギリス人がどう思ったか。「助けに行かなきゃいけない」、まさに騎士道ですよ。そこで助けに行ったら、日本の男は、変な外国人が来るから身構えてしまい、空手三段のベラミさんの回し蹴り一発をあびてしまった。しかも、ベラミさんはイギリスのスポーツ界のスターでした。イギリスのマスコミが追いかけていて、それをNHKが撮影していたのです。イギリスのマスコミは、誤想防衛で無罪になると思っていました。ところが有罪判決なのです。過剰防衛、誤想「過剰」なのです。たとえ、実際の女性が襲われていたのだとしても、防衛としてやりすぎているという評価です。しかし、イギリス人からみたら、ベラミさんは素手ですし、当然無罪だと思う。判決を聞いた英国の記者が狂ったように、「なんで日本の裁判官はアンフェアなんだ。外国人だから有罪にしたに決まっている」と言ったのです。心からそう思っているのだと感じました。BBCの記者もある程度は法律に詳しいはずで、その意味ではレベルの高い方だと思います。ところが、天から、有罪としたのは外国人差別だと思い込んでいる。結論が明らかにおかしいと思ったんですね。

この話には後日談がありまして、警察で講義をしていたら、終わった後につかつかっと前に出てきた警察官が、「先生。あのベラミ事件、懐かしいです。私が担当でした」と言うのです。警部さんでしたが、「私が『わっぱ』をかけたことになっているのです」と。「わっぱ」とは手錠ですね。そうしたら、ボソッと、「『ことになっている』だけで、手錠はかかりませんでした。ベラミさんの手首は太すぎて、日本には彼に合う手錠はありませんでした」。身長もたしか一九七センチありました。膝の上のところが、六六センチだそうです。普通の日本人で言えば、細い人の胴回りぐらいです。裁判官から見たら、これが過剰防衛だというのは、私は日本では当たり前だと思いました。ただ、イギリスでは違うということなのです。

服部君事件もそうですが、正当防衛というのは、どこの国でも同じ結論になるとは限らない。そうすると、「正しい正当防衛概念」とは何なんだということです。イギリスでは、イギリスにおけるその時代の正しさが「正しい」のであって、日本における「正しさ」は別だ、ということです。国際化が進めば、あらゆるものが一つの方向で徐々に揃っていく、そういうことはあるかも知れませんが、やはり異なるのだと思います。

実質的責任論

私の実質的犯罪論の最大のポイントは、故意論にあります。学説の主流は、「判例の故意概念は、普通の人なら悪いと思わない事情がある場合にまで（違法性の意識の可能性がない場合にまで）故意を認めて、処罰が広すぎると」するのですが、私は、「判例の考え方が正しい」と主張するのです。そう思う最大の理由は、「処罰が広すぎる判例」が、私の目には見あたらないからです。学説の中には、車を追い越したという認識があれば、追い越し禁止区間であることの認識が不可能でも処罰することになり不当だと批判するものがあります。しかし、判例は、追い越し禁止区間で追い越したことの認識がなければ、追い越し禁止違反の罪は成立しないとしているのです。故意の土台となる「事実の認識」というのは、一般人が違法性を意識しうるだけの事実の認識が必要なのです。判例は、それを要求しています。そういう認識を立証してはじめて、故意があると言える。逆に言うと、故意を基礎づけるだけの事実の認識ができていれば、違法性の意識の有無などは故意に関係しないのです。法律の錯誤なんて出てこないのです。細かい話は飛ばしますけれども。

過失論も、新過失論、旧過失論など、理論としてどうこうと言いますが、判例はくるくる動いている。

同じ事件でも動くのですよ。代表例は森永ヒ素ミルク事件です。この事件の一番最初は新過失論的な考え方で、信頼の原則を使って無罪にする。「ミルクを作る会社が、そんなに厳密にチェックをしていたら儲からなくなるでしょう。ペイしないことをやってどうするんですか」。公害のときもそうでしたが、民事判例でも、「企業が潰れるような安全装置をつけさせてどうする。儲かる範囲でやればいいんですよ」と言っていたのがその後変わってきました。刑事のヒ素ミルク事件判決でも、控訴審でひっくり返って有罪になるときには、「これ何だと思ってるんですか。赤ちゃんが口にするものでしょ。ミルクですよ。万全の安全策をとらなきゃいけない」。この変化は理論枠組みが変わったのではなく、評価が変わったのです。どこまでの安全策をとらなきゃいけないかは、裁判官が考える。それでは、裁判官が、なぜその評価を変えていったか。いまで言えば、原発で、どこまでの可能性まで危険性を予測して、考えていくのか。最後は、ただ客観的に「何々論でいけばこうなる」と言いますが、何々論というのは結論であって、旧過失論は結論なのです。新過失論も不安感説も結論です。結論を後付けるために出てくるのが、法解釈論なのです。

責任能力論も、大きく揺れ動いてきました。責任の本質から導かれる「責任能力概念」は、洋の東西を問わず普遍的に妥当すると説明をすることが多かったのですが、アメリカでは、レーガン大統領暗殺未遂事件をきっかけに責任能力論が大きく変わってしまいました。ヒンクリーという犯人が責任無能力（行動制御能力がなかった）ということで、無罪になったのです。それに対して、アメリカではマスコミを含めて非常に大きなリアクションがあって、ほとんどの州で刑法改正の動きが起こりました。極端な州は、責任能力規定を実質的に削除してしまったのですが、多くの州で、責任能力規定が改正されます。行動制御能力の要件を外して、物事の是否善悪さえわかればよいという修正でした。

つまり、アメリカでは、「行動制御能力」は責任能力の要件ではなくなったのです。わが国では一貫して、責任非難にとって行動制御能力は重視されています。責任能力の定義が、責任の「本質論」から出てくるのだとすれば、このアメリカの立法は間違いということになるのです。他行為可能性がない人間に何で責任非難ができるんですかという批判になるはずです。しかし、現にアメリカではそういう法律ができて、国民が納得しているわけです。では、責任の本質を見間違えたアメリカ人は、だめな国民なのでしょうか?

つまり、責任能力も、その時代状況、具体的な問題により変化しうるものなのです。もちろん、大きな事件があると、必ず、行き過ぎた方向に針が振れます。そのことは注意しなければいけない。冷静にブレーキを踏まなきゃいけない。しかし、状況が刑法「理論」の基礎にある規範意識を動かすということまでは否定できないのです。少なくとも、永遠で普遍の責任能力概念などありません。日本だってそうです。日本の動きはもっと小さい幅ですけれども、やはり、動いているのです。

日本的共犯論

共犯論というのは、最も実質化が遅れた、形式的犯罪論の影響の強い世界だと思います。それには、いろいろな理由があると思いますが、一つには、問題領域が非常に錯綜しているという点が挙げられます。「共犯論と錯誤論がわかれば刑法は理解できた」というような議論を聞いたことがありますが、共犯論というのは非常にごちゃごちゃして難しい。それらを整理するには、理論的に形式的に、例えば従属性という観点から全体を整理するという要請が強かったのだと思うのです。細かい議論をしだすと、とりとめがなくなってしまう。だから形式的な議論でスパッと片づけるという面があったと思うのですが、やはり共犯論も犯罪論ですから、その処罰の実質的な中身、それを微妙なところで切り分けていく作業というのはどうしても必要になってくるということだと思います。

そして、国によって犯罪論はかなり違います。ドイツと日本では、やはり共犯現象のとらえ方が違う。根本においては「教唆」というものに対する国民の理解・認識が違うわけです。日本で、輸入した共犯の条文の母国のドイツ流のものをあてはめようとして、形式的に適用していくと、非常におかしな結論になるのです。特に、関西はそういう傾向が強い。だから、その意味では共犯論などは、中山先生のような議論と正面からぶつかるということになるわけです。

共犯論の展開の象徴は、共謀共同正犯です。今や共謀共同正犯をみんな認めるようになっていますが、昔は、「共謀共同正犯は『理論的』に間違えている」とされていました。それが変わったのは、団藤先生の改説があったからです。団藤先生は、共謀共同正犯批判論のチャンピオンでした。「正犯とは実行行為を行う人である」「共同正犯も正犯の一種である以上、少なくとも、実行行為の一部を行わなければならない」「しかるに、共謀共同正犯は一切実行行為に関しない共謀者も共同正犯とするのであるから、理論的に誤りである」ということになるのです。しかしその団藤先生が、最高裁判事となられて、一九八二年に「共謀共同正犯論を採用する」と判示されました。その後は、共謀共同正犯否定説が雪崩のように崩れていったのです。

従来は「ドイツの正犯概念はこれこれだから日本でもこうでなきゃいけない」というような議論をしてきた嫌いがあります。世界中どこに行っても解釈論というのは本質的に同じ人間がやるのだから、正しい正犯概念は共通であるという考え方もあり得るのですが、私は、法律学少なくとも刑法学というのは「ドメスティック」な学問だと思います。その地域のその国民の規範、これを基にしなければならない。

例えば、ドイツと日本で、刑法解釈の差がある場合、どちらが正しいかではなくて、日本的なものとドイツ的なものをそれぞれ認めるべきなのではないでしょうか。その典型が共謀共同正犯だと思うのです。

欧米型の正犯概念というのは、直接手を下した人が正犯、それ以外が共犯ということなのだと思います。それでドイツはうまくおさまっているし、それでいいんだと思うのです。

しかし、日本は本来違っていました。江戸時代から、もちろんその基礎には中国があると思うのですが、中心人物というのは現場で直接手を下さなくてもよいのです。そして、中心人物を「教唆犯」とは呼ばないのです。正犯という言葉をヨーロッパ流のものに置き換えようとして、学説は永い間実務の共謀共同正犯を叩いてきました。しかし、実務や国民の規範を動かすことはできませんでした。日本流の共謀共同正犯が定着したのです。

量刑と理論——理論と結論の関係の典型

量刑の話も一言だけ触れておきましょう。学者は、量刑のことは非常に弱い。実は、実務家も、量刑の問題は苦手だという人が多いのですが、結論的には非常に大事です。被告人にとっても。何年の刑になるかは決定的に重要だし、弁護士にとっても、執行猶予をとれるかとれないのかというのは、報酬の面で無罪とそれほど違いのない面もあり、非常に重要なことだと思いますね。

量刑に関しても、従来の議論というのは、やはりドイツ型の観念論が強く、刑罰論の目的論から演繹するタイプの議論が主流でした。そこで、刑罰の根本的理解に遡り、応報刑論なのか目的刑論なのかを論じた上で、それをあてはめていく。しかし、学説はここでも大きく変わらざるを得ないと思いますね。現に行われている量刑判断を「理論的に間違えている」と切って捨てることの意味です。責任主義を徹底して、行為前に起こったことを量刑に入れるなんてとんでもないと書いてあるものがかなりあります。しかし、前科を入れないで、前科のある人とない人とで、刑の重さ同じなんですか、本当に。平気で、「同じにすべきです」とする人もいますが、「理論から言えば、こっちが正しい」と言うのは簡単なのだけれど、現実に考えて、被告人側はともかく、被害者が納得するかどうか。量刑論で「被害者の納得」というファクターも重要なのだと思います。だから判例は、それを重視してきました。いま妥当している量刑の基準を説明できるように、応報とか目的刑とか、一般予防だとか特別予防だとかという言葉を使うのはいいのですが、「本来、量刑は応報でなければいけない」というのは、ある意味では、後から説明するために出てきた言い回しの側面があるはずで、それが絶対的なものとして一人歩きするとおかしくなる。もちろん、「私は、パッとみて、これは何年だ。いや、なんて言おうと、少年であろうと何であろうと、真冬の川を泳がせて結束バンドで首を切って。こんなの死刑だ、死刑しかない」。それは感情論ですね。いろいろなものを入れて、ファクターを類型化して考えるけれども、ただ、「責任刑なんだから、前科を入れてはいけない」というのは説得性がない。「責任刑」とは何なのでしょうか。

量刑論が、私の実質的犯罪論に与えた影響も、非常に大きいのです。司法研究に参加し、平成一九年に『量刑に関する国民と裁判官の意識に関する研究』（司法研究報告書五七輯一号）を共同執筆させていただきました。前述の、全刑事裁判官に「事例問題の試験」を行った研究です。裁判官の答えの均質性にびっくりしました。そして、それを導いているのが、非常に多くのファクターを視野に入れて、まさに「異次元の利益の考量」に習熟しているということだったのです。

判例への信頼と実質的犯罪論

実質的犯罪論の中核というのは、『可罰的違法性論の研究』の最後部分（本書一一六頁参照）に明示されています。「私は我国の判例実務を信頼する、まさにこの点こそが、本書の最大の主張である」というのが、私の結びです。これは、現時点でも全く変わっていません。一四〇〇件の判例を読んで、学者の文献も膨大な数を読み、すべて何らかの形で引用し、コメントしました。その際には、ドイツ語の文献も非常に多くありました。そして、その結果として「判例には、そんなにおかしいものはない」というのが実感だったのです。

佐伯千仭博士という可罰的違法性論の大家、というか刑法学の大家で、当時の関西刑法学の大御所中の大御所から、本のことで呼び出されたことがありました。実は、佐伯先生との因縁というか縁は複雑で、一つは平野先生から、「徹底して、佐伯先生のものと、牧野先生のものを読みなさい」という教育を受けました。佐伯先生のものは、論文も含めて全部読みました。非常にクリアーな学者だと思うし、ドイツ刑法学を一番深く勉強しているのは、佐伯先生だということがわかりました。ただ、その佐伯先生と、都立大に行って、つながりが重なるんですね。立場は全然違うから、「なんで前田は、あんなに沼田先生のお宅に行って、話をしているんだ」といわれたのですが、都立大学法学部には沼田稲次郎という労働法の大家がいました。沼田先生は、京大時代、佐伯先生と非常に近い内弟子みたいにしておられた方でした。学問は、ちょっと違うのですが。そういうつながりもあって、可罰的違法性論の本が出たときに、佐伯先生から「立命館に来い。食事をご馳走するから」といわれたのです。本を持って、立命館の近くのレストランで食事をしましたが、「前田君の本は素晴らしい。内容も感服した。ただ、一つだけ、この結論はなんだ。『判例実務を信頼する』。これは、学者の絶対に言っちゃいけないことだ」。こう言われました。

もちろん、中山先生と佐伯先生も、ものすごく近いです。イデオロギー的には、同じ「進歩的」でも、佐伯先生のそれと中山先生のそれとは少し違います。ただ、正直に言いますと、昔は、右か左かの対立は非常に大事なことのようにみえますけれど、たいしたことじゃないんです。やはり、学問的に優れているか優れていないかという意味では、お二人ともすごい人なのです。先ほど書きましたが、中山先生と私は、外からは意外に見えるのだと思いますがいろいろなところでつながっていて、だから、私は滅多に葬式にいかないのですけれど、中山先生には京都までお別れに行きました。私としては、それだけの思いがあったのです。

その佐伯先生が、やはり伝統的な解釈論の立場からいって、「これだけは許さない。『判例実務を信頼する』という言葉だけは、絶対ダメだ」。私は、「わかりました」という言い方をするしかありませんでした。大先生ですから。「考え直そう」とはしたと思いますが、しかし、判例に対する評価というのは、ずっと積み上げてきた、しかも「実感」なのです。やはり、この実感を下に、実質的犯罪論が出来上がり、その後も基本的方向性は変わらなかったのです。

教科書は、ほかの分野も全部書かなければいけないので、可罰的違法性論だけでできているというわけではありません。「構成要件からはじまって、違法で、有責で」という犯罪の骨格の、それぞれの内容は、全部、一九八二年の段階でほぼ出来上がっていました。進歩がない、といえば進歩がないですが……。いや、細かいことを言えば、生きてきた時代により、伝統的な形式的犯罪論の枠内でやってきた面もありますし、はじめからの議論からずいぶん変わってしまったところもあります。たとえば錯誤論で、具体的符合説的な言い方をしていたこともあるのです。ただ、具体的符合説がなぜダメか。これも今の刑法理論の根幹にかかわる話です。「Aを狙って、隣のBを殺したらどうするか。二人殺したらどうするか」という点に関して、論理の問題として「理論的に具体的符合説しかない」というような議論をする人がいますが、いくら論理的に展開しても、都立大の学生とゼミをして、何十人かに聞いても、ほぼ全員が「法定的符合説の結論のほうが納得できる」と言うのです。それが続く中で、法定的符合説を見直すようになりました。授業というのはそういうことがあり、ある種、説得なのですが、説得できないということはダメなんですよね。

先に例に出しましたが、葬式になぜ赤い服を着ないのか。葬式で赤い服を着ていてもいいんですよ。でも、自分で「それでは葬式で『失礼』になる」と思えば、やめるのです。解釈論というのは、そのレベルの話なのだと思います。しかし「失礼」か否かは動いていきます。「戦後は終わった」と、何度言ってきたかわかりませんが、法的価値観の原点としての憲法観は転換しようとしています。根本は、「第二次世界大戦の痛み」を実感できる人が減り、戦後を支えてきた価値の源泉が、理念としてしか残っていなくなったからです。私も、平和主義は堅持すべきだと思います。しかし、「正しい」と如何に声高に叫んでも、次の世代の心に届くことは難しいように思います。

「ゆく川の流れは絶えずして万事塞翁馬」。これが本当に偽らざる今の心境です。ただね、これはまた、いつ変わるかはわからない。ただ、それよりは、今までの経験から、つながりとか縁とか、事実によってしか動かない。頭で動かしたもの、「理屈だと、俺のほうがわかりやすいから」では、物事は絶対に動かないという確信は、変わらないような気がします。要するに、「これから何が起こるか」、「どんな人が出てくるか」です。それによっては、考え方も変わる、ということだと思いますね。

本書は、二〇一五年三月七日に首都大学東京で行われた「最終講義」をもとに構成した。

あとがき

実は、四〇年間講義して定年を迎えた後も、「これで一区切りついた」という感慨は、全くない。現在も、これまでと全く同じペースで論文を執筆し、講義を行っている。大学の教員は、「研究と教育」が両輪であることはいうまでもない。研究に関しては、法学会雑誌の五十六巻一号に、一九七五年に都立大学法学部に奉職した後の業績を掲載させていただいた。全部ではないが、主要なものは網羅したつもりである。なんと取り繕おうと、それが研究者としての「実像」なのである。もちろん、執筆は続けているので、これからどんな新しい世界が拓けていくかは分からないが、自分でも、さほど期待はしていない。

解釈学などというものは、儚いもので、まさに「澱みに浮かぶ泡沫」である。しかし、そうは言いつつも、活字はしばらくは残る。「学者は書いたもので評価される」というのは、その意味で正しいのであろう。

ただ、「業績一覧」を眺めていても、自分としては、この四〇年間の一部しか見えてこないのである。研究よりは、教育中心の四〇年であった。話を聞いていただいた方々との「つながり」が、これまで築いてきた最も堅いものだと思っている。まさに、「うたかた」に見えるのだが。

自分が「教育者」であるなどと思ったことはないが、講義に向いているとは、図々しくも思っている。本書でも触れたが、『可罰的違法性論の研究』(東京大学出版会、一九八二年)を書き上げるのに大変な苦労をした。書くのは本当に苦手である。それに比べれば、講義は好きなのである。四〇年間一度も休講しなかったのも、基本的には、「好き」だからである。もちろん、徹夜で講義案を作っていた時代の記憶が薄れたからという面はあるのだが……。

私は、人より数多く講義をしてきたと思う。もちろん講義負担の重い大学の先生から見たら、たいしたことはないのであるが、少なくとも、刑事司法に携わる実務家に対する講義の回数は、異例に多いと思う。そして、そこでの反応を見ながら講ずることにより得たものは、非常に多いし重い。観念論は跳ね返される。「論理的に説得する」ということの限界を、いやと言うほど思い知った。大学の講義でも、基本的には同じであった。

今、法解釈において何が大事かが、少しだけ見えてきたようにも思う。そして幸いにも、まだ刑事法学に携わっていけそうである。そして、「現役」としてやっていく自信が残っているので、「名誉教授」は全く考えなかった。名誉教授の申請をお断りしたのは、給料をもらっている大学以外の「肩書き」を表に出す学者を見てきて、「不誠実」と感じてきたこともある。ただ、それなら、貰って使わなければよいだけのことである。本心を言えば、「多くの人の怨念の籠った首都大学東京」の名を、名誉教授号であっても使いたくはないと考えたからである。「首都大学東京都市教養学部長」になったのは、大学を潰さないために必要だと思ったからであり、何時の日か「東京都立大学」が復活する可能性があると思ったからである。そして、「都立大の火」を消さないためにもっとも有効かつ可能性のある道として、法科大学院の充実が何より大事だと考え、その教育に専心してきたのである。それを成し遂げたということではないのだが、少なくとも、大学を辞めた現在は、「都市教養学部」という名称とだけは、可能な限り距離を置きたいと思っている。

「大学教授」とは、自分のやりたいことだけやっていれば務まる商売のように見えるが、全く違った。自分の意見は、我慢しなければならないことばかりであった。「思い通りになったことは、ごく一部である」というのが実感である。「半分は辛いことであった。しかし、それでも良いこともあると信じて前に進んでいく」。それが、私の「万事塞翁馬」の解釈である。そのように考えることができる「これまでの人生」を与えてくれた方々に、感謝する次第である。

本書の刊行を快く引き受けていただいた羽鳥書店にも、厚く御礼申し上げる。お世話になってきたことに対する恩返しどころか、いろいろわがままを申し上げ、また大変ご迷惑をおかけしてしまった。そのお詫びと共に、この場をお借りして、永年にわたり編集者として、様々な提案をし、温かく激励して、「執筆者」としてここまで育てていただいた羽鳥和芳氏に心より感謝申し上げる。

二〇一五年九月五日

前田雅英

前田雅英（まえだ まさひで）

一九四九年　東京に生まれる
一九七二年　東京大学法学部卒業
一九七五年　東京都立大学法学部助教授
一九八八年　東京都立大学法学部教授
二〇〇五年　首都大学東京法科大学院教授
現在　日本大学大学院法務研究科教授

主要著書

『可罰的違法性論の研究』東京大学出版会、一九八二年
『刑法演習講座』日本評論社、一九九一年
『現代社会と実質的犯罪論』東京大学出版会、一九九二年
『刑法の基礎　総論』有斐閣、一九九三年
『刑法から日本をみる』（共著）東京大学出版会、一九九七年
『少年犯罪——統計からみたその実像』東京大学出版会、二〇〇〇年
『裁判員のための刑事法入門』東京大学出版会、二〇〇九年
『ハンドブック刑事法——罪と罰の現在』東京法令出版、二〇一四年
『刑事訴訟法講義〔第五版〕』（共著）
東京大学出版会、二〇一四年（初版二〇〇四年）
『刑法総論講義〔第六版〕』東京大学出版会、二〇一五年（初版一九八八年）
『刑法各論講義〔第六版〕』東京大学出版会、二〇一五年（初版一九八九年）

法の奥底にあるもの——ゆく川の流れは絶えずして万事塞翁馬

二〇一五年一一月二七日　初版　［検印廃止］

著者　前田雅英

ブックデザイン　大森裕二

発行者　羽鳥和芳

発行所　株式会社　羽鳥書店
一一三―〇〇二二　東京都文京区千駄木五―二―一三―一階
電話番号　〇三―三八二三―九三一九［編集］
〇三―三八二三―九三二〇［営業］
ファックス　〇三―三八二三―九三二一
http://www.hatorishoten.co.jp/

印刷所　大日本法令印刷　株式会社

製本所　牧製本印刷　株式会社

ISBN 978-4-904702-57-4　Printed in Japan

憲法入門　長谷部恭男　四六判上製・188頁　2200円
日本国憲法の入門書決定版。「です・ます」体で平易に記述。
読んだだけでは理解しづらい条文を、歴史の文脈の中でわかりやすく解説する。

憲法の境界　長谷部恭男　A5判上製・176頁　3200円
立憲主義の視点に立ち、国境、国籍、主権などのテーマについて
憲法学の枠を踏み越え、深く軽やかに考察する論文集。

制度的契約論——民営化と契約　内田貴　A5判上製・240頁　3400円
民営化時代の契約の理論的枠組みとして、制度的契約を提示。
現代を理解するための法的パースペクティブの試み。

民事執行・保全　藤田広美　A5判上製・352頁　4000円
実務に直結したわかりやすく明晰な解説。
民事訴訟実務の全体を学ぶ際に必要な総合力を養う。

18歳の自律——東大生が考える高校生の「自律プロジェクト」
大村敦志＋東大ロースクール大村ゼミ　四六判並製・256頁　2200円
東大法科大学院生が5つの高校を取材し、生徒会、運動会、文化祭などの
活動を通して育まれる高校生の「自律」を考える。

羽鳥書店刊